Mon chien avait un Z'an

alain stanké

Mon chien avait un Z'an

Stanké

Données de catalogage avant publication (Canada)

Stanké, Alain, 1934-
   Mon chien avait un z'an

   Autobiographie.
   Fait suite à : Des barbelés dans ma mémoire
   Comprend des réf. bibliogr.

   ISBN 2-7604-0652-0

   1. Stanké, Alain, 1934- - Enfance et jeunesse   2. Journalistes - Québec
(Province) - Biographies.   I. Titre.

PN4913.S73A32 1998   070.92   C98-941551-1

Conception: *Les Éditions Stanké (Daniel Bertrand)*

Les Éditions internationales Alain Stanké bénéficient du soutien financier
du Conseil des Arts du Canada et de la Société de développement des
entreprises culturelles (SODEC) pour leur programme de publication.

Distribué en Suisse par Diffusion Transat S. A.

ISBN 2-7604-0652-0

Dépôt légal: Bibliothèque nationale du Québec, 1998

Les Éditions internationales Alain Stanké
615, boulevard René-Lévesque Ouest, bureau 1100
Montréal (Québec) H3B 1P5
Téléphone: (514) 396-5151
Télécopieur: (514) 396-0440

IMPRIMÉ AU QUÉBEC (Canada)

À tous mes amis (et amies!) de France, passés et actuels, et tout particulièrement Jean-Louis et Marcel. Je m'en ennuyais tellement que je les ai ramenés au Québec où, comme moi, ils ont pris racine. Pour nous trois, cela donne onze enfants et, temporairement, quatorze petits-enfants qui vont, à leur tour, contribuer à l'essor de ma patrie d'adoption.

AVERTISSEMENT

Ce livre n'est pas un roman. Lieux et personnages ne sont pas imaginaires. Toute ressemblance avec des personnages existants ou ayant existé n'est nullement fortuite.

Celui qui voit le présent a tout vu!

Marc Aurèle

Pourquoi?

Ce livre est le deuxième d'une trilogie (jamais annoncée).

Le premier, Des barbelés dans ma mémoire, *relatant l'enfance de l'auteur, vécue en Lituanie, son pays d'origine, et dans les camps de concentration en Allemagne, fut publié en 1970.*

Le présent ouvrage s'attarde sur son adolescence passée en France (1945-1951).

Le dernier — si tant est qu'un jour il en ait un (vu le nombre d'années que l'auteur a attendu pour écrire son deuxième: 28 ans!) — se propose de raconter son installation au Québec, sa troisième patrie.

Faire un retour sur son passé lorsqu'on est devenu adulte n'est pas une tâche aisée, d'autant que — comme le dit très justement Lord Byron — Se souvenir de la douleur est de la douleur encore!

Puisque j'ai décidé de consigner dans les pages qui suivent les expériences que j'ai vécues, il me faut les éprouver à nouveau. Certes, la mémoire a travaillé. Un certain écart entre ce que la mémoire a enregistré il y a bien des années et ce que j'y puise aujourd'hui doit exister. Pourtant, depuis que je tourne et retourne ces pages du passé dans ma tête, je suis étonné de constater combien les dérisions, les chagrins, les peines et les émotions n'ont pas vieilli. Non, je n'ai oublié ni les visages, ni les noms ni les lieux. Je m'étonne moi-même de constater que tous ces souvenirs, je les ai retrouvés en moi, sans l'aide d'archives ni de personne. Je n'aurais pas pu faire autrement car, aujourd'hui encore, quelque chose m'empêche de de-

mander des détails de mon passé à ceux qui pourraient m'en donner.

D'aucuns seraient portés à penser que le fait, pour un homme, de raconter son adolescence, alors qu'il est arrivé au seuil du troisième âge, est un exercice qui relève plus de la prétention que de la littérature. En effet, pourquoi faut-il qu'après avoir passé le cap de la cinquantaine un homme sente soudainement l'irrépressible besoin de raconter les expériences qu'il a vécues adolescent; expériences qui, au demeurant, ne devraient intéresser que lui-même et, accessoirement, ses descendants afin qu'ils puissent se rappeler ces souvenirs, si jamais un jour ils en éprouvaient le besoin.

Explication: Jamais n'ai-je voulu écrire le premier livre. Un jour, épuisé de me faire questionner sur mon passé que je m'efforçais obstinément d'oublier, je me suis résolu à l'étaler entre deux couvertures d'un ouvrage. Accessibles à tous, ces pages m'évitent, encore aujourd'hui, la pénible corvée de me raconter de vive voix. Un exercice qui, même avec une cinquantaine d'années de recul, persiste infailliblement à provoquer en moi un indicible déchirement.

Les douleurs passées laissent décidément des empreintes coriaces. Ceux que la vie n'a pas épargnés me comprendront.

À ma grande stupéfaction, Des Barbelés dans ma mémoire (que mes premiers lecteurs continuent toujours à appeler J'aime encore mieux le jus de betterave — titre de la première édition) connut un appréciable succès de librairie tant au Canada qu'en France. Aujourd'hui encore, l'ouvrage poursuit son chemin à travers les librairies et dans les écoles, où il est désormais inscrit dans divers programmes scolaires.

Ce premier livre de souvenirs, un exercice de récapitulation, de recherche d'une identité, je l'ai écrit comme je l'ai vécu: dans un irrépressible élan, une inexplicable transe, comme s'il s'était agi de quelqu'un de totalement étranger à moi. J'ignore par quelle magie, le crayon de l'adulte a réussi à libérer la mémoire de l'enfant, une mémoire restée longtemps réprimée *par d'invisibles barbelés, assurément aussi mortifiants que les vrais.*

Ce deuxième tome entend répondre aux demandes de mes lecteurs désireux de me faire exhumer d'autres souvenirs. Pourquoi vient-il si tard? Serait-ce parce qu'il m'a fallu tout ce temps pour m'habituer à moi? Quelle qu'en soit la raison, je souhaite que, rattachés aux tout premiers, ces souvenirs superposés dans une chronologie forcément réaménagée par les années, pleins de poussière et de trous (et narrés dans un vocabulaire que, bien sûr, je ne possédais pas à l'époque), parviennent malgré tout à combler la curiosité. En cherchant les forces et les raisons positives pour retrouver le filin des souvenirs interrompus, j'ai découvert que leur écriture allait me faire rajeunir... d'un demi-siècle! De nos jours, vu les coûts prohibitifs des cures de rajeunissement, le jeu en valait peut-être la chandelle?

Il m'est essentiel de dire aussi que j'écris ces lignes taraudé par le doute. En effet, je suis déchiré par le désir de poursuivre le récit et l'envie, une fois la tâche terminée, de mettre toutes les pages dans une bouteille que je lancerai à la mer...

Dernier détail avant la levée du rideau: chaque fois que je replonge dans mon passé, je me retrouve automatiquement au présent, un temps sans surprises où il m'est plus aisé de revivre les événements tels qu'ils se sont produits. Pour moi, c'est ici et maintenant que ça se passe. Lorsque je replonge dans le passé, les passés simple et composé, ainsi que l'imparfait me paraissent déplacés. Je sens que tout ce que je ne raconterais pas au présent risquerait de maquiller ma mémoire. Ce n'est qu'en répondant «présent» au présent que je peux espérer faire un vrai présent au lecteur.

Les pages qui suivent seront donc rédigées... au présent.

A. S.

Pour situer l'action

(et résumer le premier livre)

J'ai cinq ans.

Nous sommes en 1939.

De ma vie je n'ai encore jamais vu de fusil ni de soldat (pas même en plomb). Mon initiation se fait sans ménagement sur un peloton d'exécution improvisé par l'armée soviétique au tournant d'une route de campagne.

Le destin me permet d'en sortir vivant. Merci destin!

Un peu plus tard, un camion militaire soviétique s'arrête devant notre maison. On nous avait prévenus. Nous l'attendions. Et maintenant qu'il est là, je me rends compte, avec un certain soulagement, qu'attendre est plus difficile que d'affronter la réalité. Discrètement, derrière les rideaux légèrement écartés, j'aperçois deux soldats descendre du véhicule. Nous savons qu'ils viennent nous arrêter pour nous expatrier en Sibérie. Je ne pense plus à rien, ma tête est vide. Je sais seulement que, dans quelques instants, je quitterai cette maison. Dehors, il fait très nuit. Un frisson me traverse l'âme pendant que j'observe les militaires qui semblent se consulter.

Les deux bolcheviks hésitent un long moment devant notre maison et finissent par revenir sur leurs pas. Je les vois se diriger vers la maison d'à côté. Je les entends frapper à la porte de nos voisins. Pas de doute: ils ont commis une erreur. Comme beaucoup d'entre eux, ces soldats ne savent pas bien lire, mais ils savent au moins compter jusqu'à quatre. On leur a dit de prendre quatre personnes. Comme nous, les voisins sont quatre. Le compte est bon! Quatre personnes sont emmenées à notre place. Le père, la mère et les deux enfants. Plus tard, nous apprendrons qu'ils sont morts en Sibérie. Nous, nous sommes restés.

Encore un coup du destin.

Après avoir vécu les occupations soviétique puis allemande, je finis par échouer en Allemagne où je suis transbahuté à travers trois camps de concentration. Pour tout bagage, j'emporte avec moi deux chapelets, celui de ma première communion et un autre, minuscule et donc facilement escamotable pour le cas où mes tourmenteurs auraient l'idée de me confisquer le premier. Je suis convaincu que ces deux précieux objets me protègeront des vilenies à venir. Je les place dans un tout petit sac en cuir que j'accroche à mon cou, sous ma chemise. Dans le même réticule, aux couleurs de la peau, mes parents glissent une image sainte (à mon âge et dans mon état j'ai besoin de croire aux miracles). Pour compléter l'arrimage, ils y glissent aussi mon certificat de naissance au dos duquel mon père prend le soin d'inscrire quelques adresses de notre parenté vivant En Pologne et en France. Ce feuillet sera le premier «carnet d'adresses» de ma vie.

La route s'annonce longue.

Dans le dernier camp — qui a réellement failli être mon dernier puisqu'il s'agit d'un rare joyau nazi fièrement surveillé par un dénommé Eichmann — on se prépare à m'utiliser comme cobaye. Grâce à Dieu, les assassins sont pris de court. L'armée américaine se pointe juste à temps. Je suis sauvé. Il était moins une. Je quitte la méphistophélique officine écorché, amputé de mon enfance mais... toujours vivant. Si les soldats yankees ne s'étaient pas présentés à temps dans ce laboratoire de l'odieux, j'aurais contribué de manière inestimable à la recherche scientifique du Troisième Reich, désireuse de découvrir la capacité d'endurance d'un enfant plongé dans un bassin d'eau glacée. Dans pareilles circonstances, l'expérience ne prend généralement fin qu'avec la mort du sujet, que l'on suit avec une rigueur scientifique, chronomètre en main. Ma vie durant, les baignades en eau froide (pour lesquelles je garde une aversion viscérale) me rappelleront inévitablement cette survie.

À la Libération, je me retrouve en compagnie de quelque deux mille prisonniers dans un gigantesque camp de triage. La région du Main finit par être envahie par l'armée américaine, mais la guerre, elle, est loin d'être terminée. Même sous la protection des Américains, nous ne sommes pas en sécurité. La mort rôde toujours. En effet, tous les soirs, un petit avion privé, piloté par un Allemand, apporte sa modeste contribution personnelle aux concitoyens en déroute. Il survole notre camp et mitraille nos baraquements avec la force d'un enragé. À plusieurs reprises des balles venues du ciel traversent le plafond de notre abri et viennent se perdre dans le plancher à un doigt de mon grabat.

Désolé. Encore raté!

La mort attendra!

À partir de ce moment précis les événements se précipitent.

Les troupes allemandes sont refoulées sur le front de l'Est. Pendant que la bataille se poursuit en Allemagne, la France est libérée.

Le 20 avril 1945, des convois de wagons de marchandises sont affrétés pour le rapatriement des prisonniers français. Grâce à un sous-officier de l'armée américaine d'origine lituanienne, le sergent Puscius (dont, tant que je vivrai, je n'oublierai le nom), qui dirige le bataillon chargé de notre survie, notre famille est enfin réunie et placée sur la liste des rapatriés français plutôt que sur celle des ressortissants baltes. La possibilité d'échapper à une inévitable croisière en Sibérie et d'y découvrir la mort nous soulage tous.

Pour effectuer le périple du rapatriement, on nous place dans le troisième wagon de queue. Nous n'avons strictement aucun bagage. Nous sommes lestes et libres de nos mouvements, prêts à recommencer notre vie dans un nouveau pays dont je ne connais rien encore.

Chemin faisant, le dernier fourgon déraille. Résultat: dix corps cruellement déchiquetés. La mort sera du voyage. Le wagon précédent le nôtre commence à basculer à son tour. Sa chute finit par immobiliser le train. Après plusieurs heures d'attente, nous, les vivants, repartons. Quelques kilomètres plus loin, le convoi doit s'immobiliser à nouveau. Des saboteurs allemands, que les Américains appellent *werewolves* (loups garous), inconsolables de nous voir quitter le pays, ont exprimé leur dépit en déboulonnant une longue section de rails. Tout le monde est sous le choc. Craignant ne pouvoir jamais revenir vivant, un de nos compagnons de route refuse de poursuivre le voyage dans ce train, source de malédictions, et repart retrouver sa patrie à pied.

Le 3 mai, à onze heures du matin, nous finissons par atteindre la France. Congratulations, visite médicale et saupoudrage habituel au DDT, la désinfection d'office. Je passe ma première nuit, depuis longtemps, dans un vrai lit sur un vrai matelas. La vie commence à me sourire.

Nous avons aussi droit à un vrai repas! Évitons de nous pincer: nous sommes peut-être en plein rêve. Plus tard, lorsqu'on nous installe dans un vrai train de passagers, nous sommes enfin rassurés. Nous sommes redevenus de véritables… êtres humains.

Deux jours après, un peu avant midi, les haut-parleurs du camp de River, où mon père, ma mère, mon frère et moi sommes parqués, annoncent la fin de la guerre. La joyeuse proclamation, le cri de délivrance qu'on nous scande inlassablement dans le micro produit une véritable explosion dans tout mon être: «**LA GUERRE EST FINIE! LA GUERRE EST FINIE!** » La première phrase que j'apprends à dire en français. Jamais je ne saurais la redire en chuchotant.

Dehors, il pleut abondamment. Les gouttes emperlent les têtes nues. On pleure. On danse. On s'embrasse. Mes pieds sont mouillés mais je n'en ai cure. Bientôt j'aurai des souliers neufs et peut-être même des chaussettes. Le luxe!

La pluie me transporte hors du temps. Je souhaite qu'elle ne cesse jamais. Puisse cette eau envoyée par le ciel laver les barbelés de ma mémoire et noyer à jamais mes peines passées. En cette première journée de paix sur la France, la pluie est mon baume.

Nous ne restons pas très longtemps à la frontière. Le dernier train de l'espoir nous dépose dans un déferlement d'enthousiasme à la gare de l'Est, en plein cœur de Paris. Il est précisément minuit!

Qu'elle était longue cette première route!

ch**A**pitre

... comme dans AILLEURS

Il est préférable d'être AILLEURS lorsque autre part n'est plus ici.

Pierre Dac

Paris, gare de l'Est. Tout le monde descend. Le quai est bondé. Il y a surtout des femmes et des enfants aux yeux hagards qui parcourent d'un bord à l'autre cette fourmilière humaine dans l'espoir de retrouver leur homme. Un va-et-vient indescriptible. Un brouhaha insoutenable. Les malheureux rapatriés ont tellement changé que leurs familles ont beaucoup de difficulté à les reconnaître. Finalement, ce sont les revenants qui, les premiers, sautent au cou de leur épouse pour l'étreindre de toutes leurs forces ou de ce qu'il leur en reste. Durant l'absence des pères qui, pour certains a duré quatre ou cinq ans, les enfants ont eu le temps de grandir. Je pense soudainement aux dix d'entre nous que l'on ne retrouvera jamais sur ce quai, car ils sont morts sur le chemin du retour, lors du déraillement. On a annoncé leur libération mais a-t-on eu le temps d'annoncer leur mort?

Tout le monde court, tout le monde cherche mais nous, nous ne cherchons personne car personne ne nous attend. Craignant qu'on se perde dans la masse, mon père nous donne la main. Collé à lui, je me contente d'observer en témoin envieux l'euphorie de ces retrouvailles collectives. Il fait bon se sentir enfin libre dans son nouveau pays d'accueil!

La gare est envahie par un insupportable remugle auquel se mêlent la transpiration, les parfums bon marché et des exhalaisons fétides du DDT dont les autorités n'ont pas cessé de nous asperger depuis la Libération. Avant de quitter la gare, nous sommes invités à passer devant un vaste comptoir derrière lequel sont entassées des boîtes de carton contenant du ravitaillement. Sur présentation de notre carte d'identité, chacun de nous reçoit un colis contenant des vivres pour trois jours: boîtes de conserve, pain d'épice et, quelle bénédiction... des paquets de cigarettes! Le pactole!

Aussitôt après avoir procédé à cette généreuse distribution, *La Mission française de rapatriement* nous prend en charge avec les laissés pour compte et les prisonniers étrangers afin de nous conduire à un refuge d'où l'on procèdera aux réinsertions ou aux rapatriements. Ce refuge, notre premier gîte en France, est un champ de course. Il est situé à Levallois, en banlieue de Paris. Ici, nous coucherons à la dure, sur des banquettes de bois destinées, en temps de paix, aux amateurs de courses de chiens. Certes, nous sommes à la belle étoile mais, en cas de pluie, nous avons le grand privilège d'avoir un toit pour nous protéger.

Nos journées sont très remplies. Le matin, nous nous rendons ponctuellement à la gare de l'Est où, dès l'arrivée du train des prisonniers rapatriés, nous nous mêlons discrètement au groupe afin de pouvoir défiler devant le comptoir magique des ravitaillements. Là, sur présentation de notre carte, on nous remet généreusement notre boîte remplie de vivres et de... cigarettes!

L'après-midi, pendant que nous montons la garde pour protéger notre butin, nous devons aussi garder l'œil ouvert afin de nous assurer que les Soviétiques, qui viennent récupérer leurs ressortissants, ne nous découvrent pas. À défaut de quoi, nous risquerions d'être renvoyés aussitôt en Lituanie d'où, sans le moindre doute, les Soviets (qui sont tout sauf *nos alliés*), nous expédieraient séance tenante en Sibérie. Pendant notre vigie, mon père, quant à lui, s'affaire à remplir deux tâches d'une importance capitale: la recherche active des traces de notre parenté française et la visite des bistrots parisiens où il revend les cigarettes que nous puisons dans nos boîtes de ravitaillement.

Ce mode de vie dure jusqu'au jour où mon père parvient finalement à découvrir l'adresse d'un parent éloigné: André de Stanké (de son vrai nom de Stankewitch), architecte de son état. Cette découverte est une véritable bénédiction. Mon oncle André, que personne d'entre nous n'a jamais rencontré auparavant, vit rue Ravignan, à Montmartre. Avant d'aller frapper à sa porte, mon père croit qu'il serait prudent de mener une petite enquête personnelle sur le compte de ce mystérieux monsieur qui, sans qu'il s'en doute, pourrait bientôt avoir la surprise de voir sa famille augmentée de quatre nouveaux membres. En interrogeant les voisins d'André, mon père apprend avec beaucoup de satisfaction que notre oncle est un citoyen très respecté. Au cours de l'occupation allemande, en plus d'avoir soutenu un nombre considérable de résistants des FFI dans leur lutte contre les soldats ennemis, il n'a pas cessé de secourir des nécessiteux.

«Tout le monde sait, nous dit-on, que cet homme a le cœur sur la main!» Forts de ces renseignements encourageants, nous décidons sur-le-champ d'aller à sa rencontre. Ma mère, dont la santé se détériore de jour en jour, n'est pas de l'expédition. Nous allons faire la connaissance d'André entre hommes: mon père, mon frère et moi.

Le 8, rue Ravignan, est situé tout en haut d'une côte qui conduit tout droit à la place du Tertre et au Sacré-Cœur de Paris, nous explique notre père qui ne rate aucune occasion pour nous éduquer. C'est dans le 18e arrondissement, métro Abesses, mes garçons!

On enregistre.

Pour accomplir notre mission, nous prenons le métro pour la première fois. Mon père, qui connaît Paris comme sa poche, n'a pas besoin de consulter le plan.

— Nous allons prendre la ligne Porte de La Chapelle–Mairie d'Issy, annonce-t-il. Nous passerons ainsi sous la Seine, entre la gare d'Orsay et la Concorde, et nous descendrons à la station Abbesses.

Je n'en crois pas mes oreilles:

— Nous passerons véritablement sous la Seine?

— Eh oui! sous la Seine…

Parvenus à la station Rue du Bac, j'ai le nez collé aux vitres. Je ne veux rien manquer. Et quand le moment fatidique arrive, mon père nous informe, triomphant:

— Ça y est, on est sous l'eau, les enfants!

J'ai beau examiner la vitre, elle n'a pas changé d'aspect. Je ne vois pas la moindre goûte d'eau, pas un seul poisson. Je suis déçu. Je crois qu'il nous a raconté une blague.

— On n'a pas été dans l'eau, les vitres sont toutes sèches…

— Mais non, explique-t-il, on ne passe pas *dans* l'eau. Le tunnel passe *sous* le lit de la Seine, ce n'est pas pareil!

Quelle déception!

Tel que prévu, nous descendons à la station Abesses. Chemin faisant, notre guide de père, chef de la délicate mission, résume la stratégie qu'il entend adopter. J'ai l'impression d'observer un acteur répétant son rôle. À le voir faire, je suis convaincu qu'aucun comédien ne peut avoir autant de majesté que lui. Comme je ne parle pas un traître mot de français, sa répétition m'intéresse au plus haut point. Elle me permettra de mieux suivre la représentation lorsqu'elle se déroulera sous mes yeux.

— Tout d'abord on frappe! dit mon père.

— Logique! lui répondons-nous en chœur.

— J'espère qu'il sera à la maison et qu'il voudra bien nous ouvrir. Premièrement, on lui dira bonjour. Ensuite, j'irai droit au but. Je lui expliquerai franchement le motif de notre visite. Je lui dirai que, si nous avons osé frapper à sa porte, c'est parce que nous avons entendu dire qu'il aidait des gens dans la misère, des sans-logis comme nous. Je ne lui annoncerai pas tout de suite que nous sommes apparentés. Vaudrait mieux d'abord voir sa réaction. Si jamais le brave homme n'avait plus les moyens de nous aider ou s'il n'en avait pas l'intention, cela pourrait le mettre dans l'embarras. Pour commencer, nous agirons donc comme si nous étions de purs étrangers. Ensuite, on suivra le vent...

Souhaitons que le vent nous soit favorable.

Il est merveilleux mon père. Jamais à court d'idées. Quelle maîtrise! Quelle sûreté! Depuis le début de la guerre, je me sens enveloppé par lui, envahi par son génie. J'ai la conviction que, tant qu'il sera là, rien de fâcheux ne pourra nous arriver. J'admire sa grande douceur, son infinie patience, son courage, son sang-froid et sa débrouillardise en toutes circonstances. Il est toujours simple, joyeux, exigeant, pacifique, satisfait. C'est un être de bonheur. Il m'éblouit par ses munificences. J'ai pour lui un sentiment proche de la vénération. Un sentiment qui, je le sens, sera déterminant dans ma future vie d'homme. Je souhaite qu'il laisse en moi son ombre indélébile dans l'affirmation de ma vie. C'est vrai, comment diable fait-il donc pour toujours savoir la conduite à adopter face aux événements les plus compliqués? Quand je serai grand, je tiens à lui ressembler.

Au bout de deux minutes de cette ascension, essoufflés, nous atteignons le haut de la côte. L'immeuble de l'inconnu, qui représente désormais tout notre espoir, est sis au coin de la rue des Trois-Frères.

Sur le mur d'entrée, à gauche, une série de boîtes aux lettres livrent bonnement le nom des locataires. Les inscriptions sont à la main à l'exception du cartouche de «l'oncle», qui annonce fièrement sur une carte de visite:

ANDRÉ de STANKEWITCH

Architecte

Son appartement est situé au rez-de-chaussée, tout au fond d'un long couloir, à gauche.

Le moment est émouvant.

J'ai le feu aux joues et le plexus en miettes.

Nous traversons le corridor, plongé dans la pénombre, sans mot dire. Parvenu au seuil de la porte, mon père se redresse, ajuste son veston en guenilles comme s'il s'agissait du smoking de diplomate qu'il revêtait jadis lorsqu'il présidait les missions officielles et, digne, prêt à tout, frappe énergiquement à l'huis.

Quelques secondes s'écoulent. La porte s'ouvre. Derrière elle nous apparaît un homme, grand, aux cheveux clairs et au regard bleu azur. Son visage respire la douceur et la bienveillance. Je suis rassuré.

— Pourrais-je parler à M. Stanké? demande mon père.

— Oui, c'est moi! Que puis-je faire pour vous? répond l'homme d'une voix où perce la joie de nous contenter.

Sa question annonce sa réponse. Sans même nous connaître, sans même savoir ce que nous voulons, il se demande déjà ce qu'il pourra *faire pour nous*. Voilà qui est de bon augure. Le vent est favorable.

Sans plus attendre, mon père va droit au but et lui explique succinctement que nous venons tout juste d'être rapatriés d'Allemagne où nous étions prisonniers. Il lui dit ensuite, tel que prévu lors de la répétition générale, qu'après avoir entendu parler de sa générosité, et vu la situation précaire dans laquelle nous nous trouvons, nous avons décidé tout bonnement de venir lui demander de nous donner un coup de main.

Bien que la situation paraisse tout à fait incongrue, l'homme, qui ignore toujours notre cognation, nous invite poliment à entrer.

— Suivez-moi, je vous en prie, dit-il. À l'intérieur nous serons plus à l'aise pour discuter.

Après avoir refermé la porte derrière nous, il poursuit:

— Je vous avertis: mes moyens sont limités! Mais je veux bien voir dans quelle mesure je pourrais faire ma petite part et vous aider.

Son appartement est petit, coquet, et il y flotte une odeur agréable. Après nous avoir fait asseoir, il continue de s'informer:

— Tout d'abord, dites-moi quel hasard vous a conduit jusqu'à moi? Oui, pourquoi moi?

— C'est un hasard, sans en être un réellement, répond mon père. Car figurez-vous que nous avons le même nom que vous!

L'homme qui est sur le point de devenir mon oncle paraît franchement surpris:

— Est-ce vrai? s'étonne-t-il. Pourtant, ce nom-là n'est pas très courant en France...

— Bien que nous ayons de la parenté en France, et que j'aie moi-même passé une partie de ma vie ici, continue mon père, sur le point de révéler le pot aux roses, je dois dire que nous sommes originaires d'un petit pays que vous connaissez sûrement: la Lituanie.

Et, ne tenant plus, il finit par lâcher le morceau:

— Pour tout vous dire, vous et nous, sommes issus de LA MÊME FAMILLE!

Sur ces mots il se met à réciter une série de prénoms tels qu'Edwige, Marie, Sophie, la doctoresse surnommée Kiss, Alec Stanké alias Stonkus, son frère caricaturiste à Marseille, le docteur untel, encore un autre et puis une autre. Devant l'air ébahi d'André, brusquement devenu notre oncle à part entière, il épluche les souvenirs, exhume le passé en trouvant les mots justes pour reconstruire le puzzle du temps perdu.

L'instant suivant restera sûrement à jamais gravé dans ma mémoire, tant j'ai le cœur gonflé de joie.

Suzanne, la femme d'André, absente lors de notre arrivée, vient de faire son entrée. Elle a peine à croire ce qui vient de se produire. Elle nous adopte sur-le-champ. Nous nous embrassons avec effusion. On rit, on pleure, on s'aime déjà.

— Un événement comme ça, mes chers amis, annonce-t-elle péremptoire, ça se fête! Qu'est-ce que je vous fais à manger? Vous n'allez quand même pas repartir le ventre vide! Non mais, regardez-moi ces deux mioches. Ils sont rachitiques! Ça fait combien d'années au juste que vous mourez de faim? On va rattraper ça! Comptez sur moi, j'en fais mon affaire! André, cours chercher du pain!

Petite, boulotte, joufflue, fessue et mamelue, ma nouvelle tante Suzanne est comme une boule de feu. Et drôle avec ça! En voyant sa tendresse, son amour pour nous, je me dis que, dans cette loterie aux parents, nous avons beaucoup de chance d'être tombés sur elle.

En se tournant vers mon père elle dit:

— Si j'ai bonne mémoire, quand vous étiez petit, mon cher Alexandras ou Alexandre, je ne sais plus trop, on ne vous appelait pas par votre prénom, mais plutôt Raché, Roucha, ou quelque chose qui ressemble à ça, non? Ah oui! ça y est, j'y suis! C'était Choura, n'est-ce pas? Bravo Suzanne, quelle mémoire! N'applaudissez pas tous en même temps… Cela dit, mon cher Choura, qu'avez-vous fait de votre femme? Vous devez être marié puisque vous avez des mioches. Pourquoi n'est-elle pas venue avec vous? Je plaisante mais, peut-être lui est-il arrivé quelque chose en Allemagne? Rassurez-moi.

Mon père lui explique la situation.

— Je comprends, dit-elle.

Après avoir instamment promis de s'occuper de notre mère, elle nous annonce qu'il serait grand temps de penser à manger. Décidément, on a déjà eu des nouvelles plus affligeantes que celle-là!

Douce mais autoritaire, la tante déclare qu'il y aura une petite condition:

— Ici, tout le monde met la main à la pâte. Il n'y a pas de cuisinière ni de servante comme vous en aviez chez vous... Allez, les enfants, tous à la cuisine. On passe aux pluches!

Mon père traduit aussitôt en ajoutant qu'il faudra nous appliquer et éplucher les pommes de terre avec grand soin.

Sitôt notre corvée terminée, mon frère et moi retournons au salon retrouver mon père et le nouvel oncle qui poursuivent le partage de leurs souvenirs afin de se remettre à jour. La tante ne tarde pas à nous rejoindre avec une gigantesque soupière qu'elle dépose sur une table mirifique. Quand tout est en place, elle allume la radio.

— Un peu de musique égaiera le festin, dit-elle triomphante, en plongeant une énorme louche dans la soupe.

Du coup, plus personne ne parle, trop occupés que nous sommes à déguster la soupe paradisiaque de tante Suzanne, bercés par une chanson émouvante dont j'apprends les paroles par cœur sans en connaître encore leur signification:

«J'attendrai...

Le jour et la nuit,

J'attendrai toujours

Ton retour...»

Première chaleur humaine, première soupe, première chanson, première baguette de pain, première gorgée de vin rouge, premiers parents français, première promesse d'un avenir meilleur...

Certes, ce n'est pas mon pays. Pourtant, grâce à l'enivrante odeur d'oignons, au clafoutis et à la chaleureuse attention dont on nous entoure, je sens naître en moi un lien indescriptible, une imperceptible racine qui commence à tarauder ma carapace.

Si c'est ça la France, je sens que je pourrai l'aimer jusqu'à la démesure.

Sitôt le repas terminé, l'oncle André nous annonce qu'il ne va pas tarder à téléphoner à sa sœur, la tante Kiss. Doctoresse de son état, elle est ensuite devenue capitaine, colonel, général ou je ne sais quoi dans l'armée française. Tout ce que je sais, c'est qu'elle est gradée. D'après ce qu'on m'a dit, il semblerait qu'elle ait épousé un grand chercheur, un certain Édouard Buquet. Ce détail me paraît insignifiant à côté du fait qu'elle dispose, explique Suzanne, d'un petit appartement inoccupé dans un immeuble de l'avenue d'Orléans, dans le quatorzième arrondissement. De surcroît, étant propriété de l'Assistance publique, ce logement a l'avantage d'avoir un loyer très modique. Comme quoi les nouvelles ne peuvent pas toujours être mauvaises…

Voilà une autre belle journée à marquer au fer rouge!

Comblés par tant de bonheur, c'est sur un véritable nuage que nous prenons congé de notre nouvelle famille.

— Cette nuit sera votre dernière au champ de courses de Levallois, nous promettent Suzanne et André. Vous verrez, dès demain, grâce à Kiss, vous serez enfin chez vous et vous pourrez recommencer votre vie!

Lorsque mon père nous traduit la promesse, j'ai une irrépressible envie de rire.

Serait-ce cela le bonheur?

C'est donc le cœur battant et débordants de joie que nous dévalons la côte de la rue Ravignan. Ne voulant pas entrer tout de suite à la maison, nous entreprenons de jouer les touristes. Mon père est familier avec toutes les rues. Il se sent chez lui. En passant devant ce qui paraît être une école, il pointe son doigt sur une inscription ornant le fronton de la large porte d'entrée.

Le panneau de marbre noir dit:

«LIBERTÉ – ÉGALITÉ – FRATERNITÉ»

Fier de cette devise, dont il partage visiblement l'engagement, mon père entreprend de nous expliquer la signification profonde de cette figure emblématique qui caractérise la France.

Décidément, nous sommes tombés dans le bon pays. On va être bien ici. Soudain, un grondement de foule accompagné de cris parvient jusqu'à nous. Nous décidons de ne pas bouger. Les hurlements augmentent d'intensité. On entend une bande de forcenés se rapprocher de nous. Brusquement, on voit surgir devant nous une femme au pas de course suivie d'une véritable meute en colère. Les hommes et les femmes ont les poings serrés. Ils sont convulsés de fureur. Deux d'entre eux brandissent un écriteau sur lequel on peut lire le mot: ÉPURATION! La femme, qui est à bout de souffle, a le crâne totalement rasé. Sa robe est en lambeaux. Sur ses deux joues je reconnais, incisées, des swastikas sanguinolentes. Un torrent de larmes coule de ses yeux. Son regard me glace le sang dans les veines. Malgré son épuisement, elle fait un effort surhumain pour échapper à ses poursuivants.

Qu'a-t-elle bien pu faire, la malheureuse, pour mériter pareil sort?

— Qu'est-ce qui se passe? Que lui veulent-ils? Que vont-ils lui faire? Qui est cette femme? Pourquoi tout ça?

Mon père, visiblement dérangé par la cruauté de la scène, ne sait pas très bien comment répondre. Les mots lui sortent de la gorge un à un, rauques, scandés, comme exténués. Il est visiblement très embarrassé.

— Je ne sais pas... sais pas très bien... pas d'idée... je crois qu'ils lui en veulent parce que... parce que... elle a été amie avec les soldats allemands. Elle a été très gentille avec les Allemands... enfin, disons un peu TROP gentille avec les Allemands. Voilà, c'est ça!

Pour un peu, je partagerais la furie des pourfendeurs. C'est vrai, on n'a pas idée d'être ami avec les Allemands. Seulement, à la vue d'autant de hargne, je me dis que la bonne amie des Allemands a dû se rendre coupable d'autre chose... Quelque chose de beaucoup plus grave qu'on ne sait pas; sinon, pourquoi des gens qui proclament fièrement LIBERTÉ-ÉGA-LITÉ-FRATERNITÉ sur leurs écoles, feraient-ils autant de grabuge?

Bon, allez, on s'en va. Je comprendrai peut-être plus tard.

chaBitre

... comme dans BONHEUR

*Si l'on bâtissait la maison
du BONHEUR, la plus
grande pièce serait la salle
d'attente.*

Gilbert Cesbron

La tante Suzanne a tenu promesse. Le lendemain, grâce à la générosité de la mystérieuse tante Sophie, dite tante Kiss, mon père, mon frère et moi, nous nous installons 11, avenue d'Orléans, métro Denfert-Rochereau, à deux pas du Lion de Belfort. Ma mère n'est plus avec nous. Elle a été transportée d'urgence à l'hôpital dans la nuit. Elle est très faible, envahie de furoncles, pratiquement percluse. Elle ne peut plus se mouvoir tant la douleur la taraude. Nous craignons beaucoup pour sa vie. Une fois par jour, après l'avoir visitée, nous nous rendrons à l'église afin de prier pour son rétablissement.

Pour prendre possession de notre nouveau gîte, nous sommes donc encore entre hommes. Dans un sens, ce n'est pas trop mal, car avec l'aversion que mère a pour les souris, la malheureuse ne supporterait pas du tout nos nouveaux colocataires: des rats aussi gros et gras que des chats. Ils sont une armée. Et nullement farouches. J'ai même l'impression qu'ils se réjouissent de nous voir arriver.

Le sol de l'appartement sinistre est jonché de détritus indéfinissables. Les murs sont noirs de suie. Le plafond est lézardé. Le plâtre dégradé. Les lattes du parquet craquent. Il y a plein de poussière dans tous les coins. Le dernier ménage doit dater de l'époque napoléonienne. Une puanteur de crottes de rats, de moisi et d'égout remplit la pièce. Elle provient de la cour, où un petit canal à ciel ouvert, servant à recueillir les eaux usées des cuisines de l'immeuble, trône en maître. La façade de notre nouveau logis est éclairée par une fenêtre, tandis que la seconde source de lumière est située à l'arrière, dans la cuisine. Dans les deux cas, notre horizon s'arrête sur le mur d'en face. Il est gris, crasseux et monte tellement haut qu'il masque même le ciel. La concierge consent à nous prêter un balai. Le ménage commence. Une sensation de grande richesse s'empare de moi. Désormais, nous avons un toit et personne ne viendra nous déloger d'ici.

La cuisinette, d'un vert militaire, est pourvue d'un immense évier surmonté d'un seul robinet d'où s'échappe un minuscule filet d'eau. Voilà longtemps que nous nous lavons à l'eau froide; ça ne nous changera pas de nos habitudes. Pour les ablutions plus sérieuses, nous avons un établissement de douches publiques à proximité.

En attendant de nous procurer une lampe à pétrole, car l'électricité n'est pas encore branchée, nous nous éclairons avec des chandelles. Nous avons aussi une puissante lampe de poche de l'armée américaine. Un cadeau souvenir. Son puissant rayon aide principalement à aveugler les rats qui rôdent aux fenêtres toutes les nuits.

Pour cuisiner, nous n'avons qu'un petit rond rouillé qui ne doit pas fermer de manière très étanche, car on sent constamment une odeur de gaz dans la pièce. Quand notre mère sera de retour, ce sera le grand luxe. J'entends déjà la mélodie pacifiante de l'épluchage de légumes. Vivement qu'elle guérisse! Voilà une éternité que je n'ai pas mangé de crêpes aux pommes de terre.

Il faut dire que nous avons aussi une toilette. Elle est chargée d'effluves. En fait, elle n'est pas qu'à nous. Installée entre deux étages, nous la partageons avec trois autres familles. Chaque fois qu'on veut l'utiliser, il faut emporter son seau d'eau, car elle est d'un modèle plutôt antique: pourvue de pédales mais privée de cuvette et d'eau courante. Au mur, il y a un gros clou rouillé sur lequel quelqu'un accroche parfois une page de journal. Dans cette précarité sanitaire un seul réconfort: une minuscule ouverture dans le mur qui laisse passer en permanence un coulis de vent frais faisant oublier les odeurs, l'humidité et l'inconfort des lieux. Une fois par quinzaine, un camion citerne empuanti vient évacuer les immondices accumulées dans un réservoir souterrain. Ce jour-là, vaut mieux être ailleurs, car l'odeur qui envahit la cour est insoutenable. S'ils avaient pensé à l'utiliser contre les Allemands, les Français auraient pu gagner la guerre bien avant...

Notre literie est tout à fait élémentaire: Chacun de nous possède une couverture militaire. Étendue sur le sol, elle nous sert à la fois de matelas et de drap. Quant aux tables de chevet, nous utilisons nos colis de provisions, notre véritable et unique richesse que nous allons chercher tous les jours à la Gare de l'Est, chaque fois qu'un nouveau convoi de prisonniers arrive en ville.

Vu la frugalité des repas qui s'annoncent, notre table n'a pas besoin d'être surdimensionnée. Un vieux cageot ayant servi au transport de légumes et récupéré dans les poubelles d'un marchand de primeurs, rue Daguerre, fait parfaitement l'affaire. Ce n'est pas encore la vie de château, mais j'ai déjà l'impression que je ne serai jamais plus heureux qu'ici.

Notre emploi du temps est simple et routinier. L'exercice quotidien s'ordonne autour du même rituel: lorsqu'on revient de la gare, on s'occupe de la vente de cigarettes. J'accompagne mon père dans les bistrots pendant que mon frère reste à la maison. Ce n'est pas parce que je suis plus malin que lui, je suis tout simplement plus petit et, en cas d'ennuis avec la police, vu mon âge, je risque d'attirer davantage la sympathie. Il faut penser à tout! Si mon père visite tous les estaminets de Paris, ce n'est pas pour étancher sa soif mais plutôt pour y vendre des cigarettes. La démarche est facile, car la demande est très forte, et les clients sont tellement esclaves du tabac qu'ils n'hésitent pas à payer le gros prix. Je ne voudrais pas être à leur place. À les voir aussi dépendants, je me promets de ne jamais fumer.

Pour réussir dans ce petit métier, il faut jouer de prudence. Ne jamais revenir au même endroit afin de ne pas attirer l'attention ou risquer que quelque zélé ne nous dénonce et que les autorités finissent par découvrir notre précieuse source d'approvisionnement. Notre intervention est rapide et bien rôdée. Pendant que mon père négocie à l'intérieur, je fais le guet à l'extérieur. Il ne porte jamais plus de quatre paquets sur lui pendant que, dehors, je garde le reste de la réserve. On ne sait jamais. À tout instant, un policier pourrait surgir à l'horizon. Si cela se produit, j'ai instruction de déguerpir au plus tôt. Lorsqu'il sort de la buvette et qu'il a conclu sa vente — ce qui est généralement le cas —, mon père arbore un radieux sourire. Inutile de parler. On sait que notre pécule vient d'augmenter. On est rassuré. Il met la main sur mon épaule et nous rentrons joyeux.

Un jour, plutôt que d'aller au bar, sans rien me dire, mon père décide d'entrer chez un chapelier. Sans chercher à comprendre, ma grosse boîte de carton sous le bras, je l'attends comme d'habitude à la porte de l'échoppe. L'instant d'après, je le vois sortir du magasin, la mine réjouie, portant un élégant chapeau de feutre sur la tête. Ce jour-là, je comprends que nous avons «réussi».

chapitre

... comme dans COURAGE

*Le COURAGE c'est l'art
d'avoir peur sans que cela
paraisse.*

Pierre Véron

Aujourd'hui, c'est jour de fête. La tante Kiss nous rend visite et nous allons faire sa connaissance. Pour l'occasion, mon père achète une bouteille de monbazillac, le seul cépage qu'il se permet et encore! les jours de fête. Mon père ne boit que très rarement. Lorsque parfois quelqu'un insiste trop pour trinquer avec lui, il a une phrase toute faite qu'il répète avec fierté:

— Non, merci, dit-il. Je suis comme les animaux: je ne bois que quand j'ai soif!

Sa remarque ne fait pas particulièrement plaisir à ceux qui aiment lever le coude, mais elle lui permet de vivre sa vie comme il l'entend.

On frappe à la porte. C'est elle, je le sais. Je sens une rougeur monter à mon visage. Il me tarde de faire sa connaissance.

On ouvre. Elle entre. C'est une grande femme au visage osseux rempli de taches de rousseur. Ses yeux sont clairs et vifs. Elle est agitée et autoritaire. Comme doit être un général. Sa voix est forte, franche et sonore comme celle d'un homme. Elle est vêtue d'un uniforme de militaire et tient serrés sous son bras trois ou quatre gros livres. Sitôt entrée, la tante prend place sur deux colis qui nous servent de siège et entreprend son interrogatoire:

— Où? Comment? Pourquoi? Depuis combien de temps? etc.

Mon père lui narre notre aventure, qu'elle écoute avec une grande sollicitude. C'est une femme d'action, habituée sans doute à demander des explications, à prendre des décisions et à donner des ordres. Au bout d'un moment, elle me fait venir près d'elle pour m'examiner de plus près. J'avais oublié qu'elle était médecin. Mon frère et moi avons droit à un examen médical en règle. Stéthoscope et compagnie. Les yeux, les oreilles et la bouche, tout y passe! L'examinatrice s'attarde particulièrement sur mon épiderme aussi blanc qu'un cierge. Une fois l'auscultation terminée, elle replace tout son attirail dans sa poche de manteau et redevient une tante normale. Après m'avoir fait asseoir sur ses genoux, elle me couvre de caresses en murmurant des mots que je ne comprends pas, mais que je devine tendrement passionnés.

Elle parle encore un long moment avec mon père, tout en promenant sa main dans mes cheveux. Je crois comprendre qu'ils viennent de prendre une décision à mon propos. J'ignore de quoi il retourne, mais il est clair qu'il s'agit de moi. Je me dis que j'apprendrai bien assez tôt la nature de leur mystérieux accord. Pour l'heure, tout ce que j'ai à faire c'est de l'observer et de lui faire des sourires, un exercice qui m'est très familier en pareille circonstance.

Soudain, la visite prend fin. Elle se lève, gribouille une note sur un bout de papier, le tend à mon père et nous quitte comme elle est venue, dans un éclair.

Mon père m'explique que, vu mon état de santé, la tante Kiss a décidé qu'il était urgent que j'aille prendre du repos et du soleil dans une colonie de vacances, au bord de la mer, en Bretagne. C'est vrai que je suis chétif et anémié. J'ai poussé comme une plante frustrée d'eau et de lumière. Il faut rattraper le temps perdu. Je comprends que j'irai seul à mon sauvetage, sans mon frère ni mes parents. D'ailleurs, ma mère est toujours hospitalisée.

Je ne peux pas dire que la perspective d'être à nouveau séparé de mes parents m'enchante. C'est tout le contraire. Un morne découragement m'envahit mais, comme dit mon père:

— Il faut lui faire confiance! C'est *ta tante* et elle est *médecin*. Elle sait ce qu'elle fait. Elle sait ce qui est bon pour toi!

Je comprends que les ordres sont les ordres. Et moi qui pensais que la guerre était finie…

chapitre

... comme dans DÉJEUNER

Celui-là a eu du COURAGE
qui, pour déjeuner, a été le
premier à manger une
huître.

Jules Renard

Bien qu'elle ne soit pas totalement guérie, ma mère obtient son congé de l'hôpital. Pour la circonstance, mon père sort son monbazillac et le dépose avec grand soin sur notre minuscule cageot-table-à-tout-faire qu'il a préalablement recouvert, à défaut de nappe, d'une serviette de bain plutôt grise que blanche. Ma participation personnelle consiste à improviser un modeste bouquet de fleurs cueillies subrepticement dans un petit square de Denfert, situé juste à l'arrière de l'entrée des catacombes. Pas vu, pas pris.

La joie règne dans la demeure. Je trouve ma mère pâle et toujours aussi affaiblie, mais il paraît qu'elle va mieux. C'est sans doute vrai, sans quoi on ne lui aurait pas accordé son congé. On se rassure comme on peut.

Après l'heure du monbazillac, l'apéritif de nos grandes occasions, mon père nous annonce que, pour marquer le coup, nous irons tous manger au restaurant. Il n'y a plus de doute: c'est la fête!

Le petit restaurant qu'il a choisi est situé précisément juste en face du square où j'ai commis mon larcin. Voilà une expérience que je ne suis pas prêt d'oublier: le premier repas au restaurant de ma vie! Je suis muet de bonheur. Un tel repas vaut sans doute une douzaine de paquets de cigarettes.

— Qu'importe! proclame mon père magnanime. Une telle félicité n'a pas de prix!

Au menu, nous avons droit à un délicieux potage et à un savoureux lapin à la moutarde accompagné d'une onctueuse purée de pommes de terre. Le goût de ces plats remplis de saveurs restera sans doute dans ma mémoire tant que je vivrai. Nous sommes repus et remplis de bonheur. Quel délice!

Sur le chemin du retour à la maison, nous croisons notre concierge, une femme truculente qui se déplace en claudiquant. En nous voyant aussi guillerets, elle nous demande ce qui nous arrive. Les souvenirs heureux sont faciles à partager. Mon père n'hésite pas à lui raconter ce qui nous comble de joie: potage, lapin, dessert, café.

En entendant la confidence, la concierge se met à battre l'air de sa main dans un geste désespéré:

— Vous avez mangé du LAPIN? demande-t-elle les yeux exorbités.

— Mais oui, Madame, répond mon père.

— Pauvre malheureux, vous ne savez donc pas qu'il ne faut jamais manger de lapin dans un restaurant?

— Jamais de lapin? Et pourquoi donc, je vous prie? demande mon père étonné.

— Pourquoi? Pourquoi? Mais parce que tout le monde sait que ce n'est pas du lapin qu'on vous sert, c'est du CHAT! D'ailleurs, c'est bien connu: on ne trouve plus un chat dans les rues de Paris. Alors, vous ne le saviez pas?

Eh non, on ne le savait pas! Quoi qu'il en soit, pour ma part, je peux affirmer que j'ai trouvé ce chat délicieux. À dire vrai, je l'ai préféré de beaucoup au goût du rat qu'on m'a fait manger, il n'y a pas très longtemps, en Allemagne.

Quelques jours plus tard, nous avons la visite d'un compatriote lituanien fraîchement arrivé d'Allemagne, lui aussi. Il trouve son insertion parisienne assez pénible, étant donné qu'il vit seul et qu'il ne parle pas un traître mot de français. Mais comme il faut bien se débrouiller avec les moyens qu'on a, loin de se décourager, il n'hésite pas à tenter de nouvelles expériences.

— Ainsi, nous raconte-t-il, je suis allé au restaurant pour la première fois, hier.

— Vous aussi, ricane mon père. Je parie que vous avez mangé du lapin!

— Non, mais j'aurais bien aimé!

— Que vous est-il arrivé?

— Quelle expérience! J'ai eu la honte de ma vie, nous confie-t-il. Je ne voulais pas montrer que je ne parlais pas le français. J'ai donc pris le menu et fait semblant de le lire. Je n'avais pas la moindre idée de ce qu'il y avait d'écrit sur la carte, pas le moindre indice. Son crayon à la main, le garçon de table commençait à perdre patience. Il fallait que je me décide. J'ai donc pris un air très inspiré et j'ai pointé comme ça, au hasard, sur la ligne inscrite tout en haut du menu. C'était un mot curieux qui commençait par un H. Le garçon prit note et partit aussitôt à la cuisine. Pendant un temps, j'avais peur d'avoir pointé sur l'horaire de l'établissement ou peut-être même sur le nom du propriétaire, mais il me semblait qu'il y avait des chiffres à côté du nom que j'avais choisi. Quelques instant plus tard, le serveur revint avec une assiette qu'il déposa délicatement devant moi. Sur l'assiette, il avait disposé six objets de couleur grisâtre qui ressemblaient étrangement à des pierres. Quand il eut le dos tourné, j'en ai pris une dans ma main afin de l'examiner. Elle était très dure. Je n'avais aucune idée de ce que ça pouvait être. Des choses comme ça n'existent pas en Lituanie. On n'en a jamais vu. Je ne comprenais rien. Discrètement, j'ai essayé de croquer dans cet objet que je trouvais tout à fait singulier, mais c'était peine perdue. En insistant davantage, j'aurais pu casser mes dents. Le mystère était total. J'avais peur de paraître complètement demeuré en restant assis devant les six morceaux de pierre sans savoir comment les consommer. J'ai donc pris la décision de les fourrer subrepticement dans ma poche. Ni vu ni connu. C'est alors que le garçon est arrivé à la course, un petit couteau à la main, en répétant un mot, qu'à son air contrit j'ai compris vouloir dire: «excusez-moi, j'ai oublié». Pendant ce temps, mes yeux plantés dans les siens je m'essuyais la bouche avec une serviette en imitant sobrement l'attitude du client parfaitement repu et satisfait. J'en ai conclu que ce qu'il m'apportait enfin était l'ustensile que les Français utilisent d'ordinaire pour ouvrir les fameux cailloux. Malheureusement, c'était trop tard. Quand le garçon a vu que mon assiette était vide et que je faisais mine d'avoir bien mangé, j'ai cru qu'il allait perdre connaissance…

En effet, ce n'est pas tous les jours qu'on a la chance de rencontrer quelqu'un qui avale les huîtres sans prendre la peine de les ouvrir!

chaEitre

… comme dans EFFORT

Avec un petit EFFORT,
nous arriverons très bien à
supporter les autres.
(Aphorisme soixante-huitard)

C'est décidé: demain je pars en colonie de vacances à Trinité-sur-Mer, en Bretagne. Autant dire qu'en moi, c'est l'angoisse. Il faut que ça arrive au moment même où je commençais à prendre racine, à m'acclimater. Peur d'être séparé à nouveau de mon frère et de mes parents; peur de me sentir seul, perdu au milieu d'inconnus; peur de ne pas pouvoir me faire comprendre; peur de l'incertitude; panique de me perdre à jamais. C'est la terreur. Le désarroi. Je n'aime pas la vie communautaire. Pitié. La vue des valises et des sacs de voyage m'angoisse. Gardez-moi auprès de vous. Juste un peu. Encore.

La tempête est dans mon cœur. Devant mon effroi, mes parents m'expliquent que la tante médecin, qui est lieutenant, capitaine ou général, ne l'oublions pas (vu l'abomination que j'éprouve à l'endroit des soldats en général et envers leurs grades en particulier, je me fous éperdument de ses décorations), cette valeureuse femme craindrait donc beaucoup pour ma santé. Par ailleurs, si je refuse d'aller en colonie de vacances («Tu verras, tu vas bien t'amuser, il y a la mer, la plage et plein d'amis!»), je risque gros.

— On sera peut-être obligés de t'envoyer dans une maison de santé, m'explique-t-on. Dans un préventorium ou peut-être même un sanatorium, qui sait? Et, dans ces endroits-là, il n'y a pas de copains, pas de jeux, pas de sable, pas de plage, pas de mer. Il n'y a que des médecins, des malades, des pilules, des piqûres, donc, rien de drôle. À toi de choisir!

S'ils y avaient pensé ils auraient sans doute comparé ces lieux à la Sibérie, mais ça ne leur est pas venu à l'idée.

Prenant un air attristé, ma mère tient à ajouter l'argument ultime qui, elle le sait, va me chavirer:

— Remarque que si tu veux me faire de la peine, libre à toi, reste! dit-elle péremptoire, pour clore la discussion.

Autrement dit, je n'ai pas d'autre choix que de partir pour la Bretagne avec l'énergie du désespoir.

Je pars muni d'un misérable baluchon dans lequel ma mère a glissé un ridicule maillot de bain trop grand pour moi, une paire de chaussettes reprisées, un pyjama défaillant, deux chemisettes (ça va me changer de ma chemise militaire de couleur kaki, au bord de l'effilochage, que je porte depuis le jour de la Libération), et d'un rudimentaire nécessaire de toilette. Mes culottes courtes sont trop amples pour moi. Les chaussettes tirebouchonnent sur mes jambes pareilles à de maigres baguettes de pain. Un épouvantail à moineaux. Noyé dans un groupe d'adultes, je ne jure pas trop dans le décor, mais pareil attirail ne passe pas inaperçu parmi les gamins de mon âge.

«Bonjour, le clown! Bravo pour le déguisement!» Je me sens terriblement mal à l'aise, mais à quoi bon se désoler puisque je n'y peux rien?

Mon voyage en Bretagne se fera en train, en compagnie d'une bande turbulente d'enfants de mon âge. Au départ, personne ne se connaît, mais les liens entre les jeunes ne tardent pas à se faire. Après une heure de route, ils sont déjà tous copains comme cul et chemise (moi, c'est plutôt cul). À les voir ainsi, on croirait qu'ils se sont toujours connus. Les plus vaillants d'entre eux tentent de lier conversation avec moi, mais, voyant que je ne les comprends pas, m'abandonnent à mon sort pour s'intéresser aux plus bavards. Dans tous les wagons, c'est l'indiscipline, la turbulence généralisée. Cette attitude débridée me met mal à l'aise. Je n'ai qu'une hâte: arriver à cette satanée Trinité-sur-Mer. Le chahut m'a toujours indisposé. Je n'ai jamais aimé le bruit. Particulièrement quand il me faut le subir sans pouvoir y contribuer. Tout au long du laborieux périple, je sens des larmes ruisseler à l'intérieur de moi, accompagnées d'une grande douleur. Celle de me sentir seul. Seul et, surtout, différent. J'étais différent dans les camps allemands parce que j'étais le plus jeune. Je suis à nouveau différent ici parmi ceux qui ont mon âge. Existe-t-il d'autres manières de se distinguer? Des façons de se démarquer des autres sans nécessairement s'attirer les sarcasmes?

En descendant du train, un car tout bringuebalant nous conduit dans une propriété longeant le bord de mer. Sitôt arrivés, nous avons droit à une soupe chaude et c'est déjà le temps de passer au lit où on nous expédie sur un cri accompagné de stridents coups de sifflet. Belle ambiance! Ça me rappelle le camp de concentration. Où sont les gardes-chiourme? J'en ai la chair de poule. Si jamais je peux mettre la main sur cet horrible instrument de torture qui me déchire les tympans, je jure que je l'enverrai valser au fond de la mer.

On va dormir sous d'immenses tentes militaires, sur des lits pliants récupérés dans les surplus de l'armée américaine. Ils sont constitués d'une toile tendue sur un cadre de bois. Pas de draps, bien entendu, mais une couverture couleur diarrhée sentant copieusement le moisi. Mes compagnons sont ravis. Moi, je suis pénétré de chagrin. Tel sera donc mon royaume pour les quatre semaines à venir. Après le camp de concentration, me voici dans une résidence forcée. Décidément, ma vie ne va pas en s'améliorant. Je sens que les jours vont succéder aux jours et les semaines aux semaines avec une exaspérante tristesse. Vivement la fin des vacances!

Bien que fourbu, je ne parviens pas à trouver le sommeil. Un vent terrifiant tournoie autour de la tente comme un fauve autour de sa proie. J'ai horreur des déchirements du ciel. Les bruits étranges venant de la nature se mêlent à la tempête et aux ronflements de mes compagnons. L'ambiance est totalement incongrue. On a placé un moniteur par tente et, manque de chance, nous avons hérité de celui qui ronfle avec le plus d'application. Un véritable concours nocturne pour savoir qui froufrouterait le plus fort. Un morne découragement m'envahit. Les pensées les plus sombres viennent troubler mon esprit. Une brutale angoisse me saisit soudainement: Et si jamais mes parents avaient choisi cet endroit sinistre pour m'abandonner? Non, c'est impossible! Je crois qu'ils m'aiment. Pourquoi feraient-ils une chose pareille?

Épuisé, je finis par m'endormir.

Le lendemain matin, sept heures, le manège reprend. Le champion siffleur toutes catégories recommence son cirque. Après avoir sonné — pardon, sifflé — le réveil, c'est toujours en sifflant qu'il nous envoie nous débarbouiller.

Une deux, une deux, une deux... Prrrt! Prrrt! Prrrt!...

Comment vais-je faire pour supporter cette mascarade pendant un mois? Il n'y a personne pour lui faire avaler son sifflet à celui-là?

Quelqu'un pourrait-il m'apprendre comment ça se dit «Ta gueule!» en français?

À la cafétéria, c'est toujours le même brouhaha. Insupportable!

Il reste une consolation: la nourriture. Elle ne manque pas. Quelle abondance! Du pain, du beurre, de la confiture, du café et du lait... en poudre; il y en a à profusion. Si je ne vais pas m'amuser, je vais au moins pouvoir dévorer sans retenue. L'appétit est revenu et j'en profite. Après quelques tentatives infructueuses de conversation, tout le monde me laisse tomber. C'est sans doute à moi de faire les premiers pas. Mais par où commencer? Et par quels mots? Je l'ignore. Je reste donc muré dans mes silences. L'isolement dans lequel je suis retranché serait supportable du moins si je ne me sentais pas l'objet de moqueries sans fin.

On me montre du doigt. On me fait des grimaces. Dès que je fais mon apparition dans quelque petit groupe, des éclats de rire retentissants fusent de partout. Bonjour l'ambiance. Merci de l'accueil. Un sentiment d'indignité m'envahit. Il est clair qu'on ne m'accepte pas comme je suis. Désarmé devant ce refus, je me retire totalement du groupe pour aller rêvasser dans une cachette, et permettre à mon âme vagabonde de m'inventer une autre vie. Longtemps je reste assis seul parmi les pierres grises, les genoux contre les épaules. Cette position m'engourdit. Je ne vois pas le temps passer. Parfois, je consacre de longues heures à des divertissements insolites que j'invente grâce à des morceaux de bois. J'aime beaucoup toucher le bois. Il m'arrive de caresser des bouts de branches en leur parlant comme à des êtres humains. J'utilise des pierres pour créer des villes de rêve et des personnages imaginaires que je détruis soigneusement après coup afin qu'ils ne puissent pas servir à m'humilier davantage. Les fourmis me fascinent. Je suis leurs longues et infatigables courses sans jamais me lasser, en mâchouillant des herbes à la saveur insignifiante. Je suis devenu un ruminant. J'ai l'étrange impression de faire ainsi la découverte de la première étape de ma vie intérieure: avoir quelque chose à faire, à créer, à construire, à cueillir, à admirer, à aimer.

Impression étrange qui m'invite en même temps à être prudent, à ne pas me livrer totalement à ce bonheur naissant, comme si quelque chose de fragile était en cause. Comme si ce quelque chose d'indéfini devait être tenu en laisse au-dessus de ma joie.

Mes longues absences du groupe ne semblent préoccuper personne. Je pourrais aussi bien m'être noyé dans la mer que personne ne s'en soucierait. Lorsque je suis contraint de rejoindre le groupe, aux heures des repas ou à celle de la baignade, je le fais les yeux baissés sous la honte mystérieuse que je sens peser sur moi. Personne ne connaît les tortures de mon âme. Je suis en quarantaine.

Pour accéder à cette mer, que je trouve horriblement salée, contrairement à l'eau de la mer Baltique que je connais bien et dont la douceur ressemble à celle des rivières, on doit impérativement s'y rendre au pas de gymnastique en empruntant un chemin unique et, surtout, sans jamais, JAMAIS s'en écarter, sous peine de mettre le pied sur une mine allemande. En effet, la plage et ses environs n'ont pas encore été déminés. Rassurant!

En découvrant la mer, je reste cloué sur place. Ébloui. Je ne me lasse pas de regarder cette masse mouvante, verdâtre, bleutée par endroits, qui scintille à perte de vue sous le soleil, tout à fait comme ma mer Baltique dont la vision me revient sans cesse. La reverrai-je un jour cette mer où, tout petit déjà, j'avais pris l'habitude d'aller à la recherche de morceaux d'ambre?

De toute façon, cette mer-là n'est pas pareille à la mienne. Je ne la connais pas. Elle m'est étrangère. Ici, l'eau est froide, inhospitalière. Elle est sombre, opaque. Elle ressemble à un océan de légendes, prête à engloutir baigneurs et vaisseaux d'un coup de vague. Je suis sûr que d'innombrables monstres marins tapissent ses grands fonds. De plus, j'ai attrapé un énorme coup de soleil, il y a les mines et, pour comble de malheur, mon maillot de bain bâille de plus en plus de chaque côté de mes maigres cuisses. Comme repoussoir, on ne peut trouver mieux.

La seule chose qui me ravit dans nos sorties de plage, c'est la collation qu'on nous sert à quatre heures. Ah! le *quatre-heures*! En effet, tous les après-midi, quand vient cet instant magique, on nous offre un morceau de pain avec un gros morceau de chocolat. Il arrive même qu'il y ait du *rabe*. Un mot facile à retenir, surtout pour un affamé comme moi. On sent que les dirigeants du camp, pardon, de la « colonie », ont à cœur de faire engraisser la horde. Je sens, moi, que je grossis à vue d'œil. Je me bourre de *pain* et de *patates*, deux autres mots qui font désormais partie de mon nouveau vocabulaire.

La première semaine s'est presque écoulée sans que j'aie réussi à me lier d'amitié avec quiconque. Je sens qu'on m'évite ou, si tel n'est pas le cas, personne ne manifeste le moindre intérêt pour moi. Le seul moment où je peux approcher les garçons sans me faire trop remarquer, c'est lorsqu'ils sont absorbés par leurs concours d'osselets. Un jeu qui n'existe pas dans mon pays et que je trouve insipide. Les spectateurs sont autant absorbés par les compétitions que les joueurs eux-mêmes. Dans ces moments-là, je n'existe plus.

On lance les osselets en l'air, on en rattrape trois ou plus sur le dos de la main et on recommence. Pas de quoi en faire un plat.

Personne ne me comprend et je ne comprends personne. Cette sensation d'impuissance à communiquer me désespère. Pourtant, un jour, quelqu'un se décide enfin à s'intéresser à moi. C'est Jean-Michel, un moniteur, responsable de la tente voisine. Il est grand, sa tignasse est noire et raide, ses yeux sont en grain de café et son nez ressemble à un pied de marmite. Je le trouve bien sympathique. Il semble toujours de bonne humeur. Il est le seul ici à comprendre un peu l'allemand, la langue des nazis que je parle (même si je ne l'aime pas). Il s'offre généreusement à me servir d'interprète. Enfin, quelqu'un qui ressemble à un ami! J'ai le cœur tout gonflé de joie. Petit à petit, Jean-Michel réussit à me confesser et à connaître l'essentiel de mon passé. Dieu merci, il a le tact de ne pas s'apitoyer. Je dois surtout ne pas m'attendrir. Il décide de m'enseigner le français. Au début, j'ai l'impression qu'à mon contact mon professeur enrichit davantage ses connaissances de l'allemand que moi celles du français. Rapidement, Jean-Michel comprend toutefois le rôle que j'aimerais le voir jouer. Désormais, en plus d'être mon professeur, il devient aussi une sorte d'ange gardien. Un bouclier protecteur contre la malveillance et l'agressivité de ceux que je dois appeler *les copains*. Je me colle de plus en plus à lui. Il sera mon premier professeur de français. Maintenant, j'ai deux bonnes raisons d'apprendre la langue: tout d'abord parce que je ne veux plus me sentir à part des autres, jamais; et puis je ne tiens pas à décevoir Jean-Michel. Un souffle de bonheur m'envahit. Son attention me procure soudain un grand bien-être. Une avidité de compréhension m'habite: accepter et être accepté.

Je veux bien ne pas être heureux, mais je refuse d'être malheureux.

Le soir, autour d'un feu de camp, tout le monde chante des chansons. Il y en a une qui revient particulièrement souvent et dont la mélodie me plaît. Elle est lancinante et facile à retenir. Je l'apprends par mimétisme et la chante à tue-tête avec les autres sans avoir la moindre idée de ce que veulent dire les mots:

«*Malbrough s'en va-t'en guerre, mironton, tonton, mirontaine...*»

Quand, à la fin, Jean-Michel m'explique qu'il s'agit de *krieg*, c'est-à-dire de la guerre, je ne peux retenir mon rire. C'est un comble! La guerre est finie, je débarque dans un pays libre et la première chanson qu'on trouve le moyen de m'apprendre en français chante la guerre!

Pour moi, la France, c'est Jean-Michel; ce ne sont pas les copains. Eux se moquent toujours de moi, tandis que lui m'accueille. Mon nouveau pays, je l'espère à son image: avenant, hospitalier, compréhensif. Merci Jean-Michel. Je ne te décevrai pas.

Tous les jours, grâce à lui, j'apprends les mots essentiels, les mots de ma survie. Le soir, avant de sombrer dans le sommeil, je les repasse dans ma tête en tentant de retenir leur définition et me souvenir de la prononciation. Je comprends que les Français ne roulent pas les «r» comme je le fais lorsque je parle en lituanien, en polonais ou en russe. Si jamais je roule les «r» en parlant français, on me prendra pour un provincial ou, pire encore, pour un étranger, et on va se moquer de moi. Attention! Il faut que je sache prononcer les «r» comme lorsque je parle l'allemand. Il est primordial pour moi d'apprendre à parler le français, ma cinquième langue, comme un vrai Français. Je dois faire tout ce qu'il faut pour être comme tout le monde.

Grâce à la gentillesse de Jean-Michel, toujours prêt à m'aider, la seconde partie de mon séjour devient plus supportable. J'ai beaucoup moins peur que l'on se moque de moi, de mon aspect de pauvre, d'étranger, de ma gaucherie et de mon physique ingrat; de passer pour un garçon à part, un rebut, une boule de souffrance enracinée dans son passé. Je ne marche plus, comme lorsque je suis arrivé, les épaules voûtées sous le poids d'une fatalité qui ne veut pas me quitter. Maintenant, moi aussi, il m'arrive de rire aux éclats. Lorsque vient le soir, je me sens comme un bouddha comblé. Si ça continue, j'ai le sentiment que je vais devenir aussi gros que lui.

C'est enfin le grand jour. Le jour du retour à Paris. J'ai gagné plusieurs kilos, un vocabulaire élémentaire qui permet de m'exprimer et une peau qui ressemble presque à celle d'un petit Africain. Quelle surprise pour mes parents… Je me demande la tête qu'ils vont faire en me voyant débarquer du train.

Gare Montparnasse. Tout le monde descend!

Les parents des enfants sont tous là.

À travers la large vitre du compartiment, je cherche désespérément les miens. Soudain, au moment de quitter le wagon, je les aperçois droit devant moi. Je les regarde avec insistance. Je souris et m'apprête à leur sauter au cou quand — quelle horreur! — je les vois détourner les yeux de moi, virevolter et s'éloigner comme s'ils étaient venus chercher quelqu'un d'autre. L'émotion me noue la gorge. Je ne comprends rien. Je suis totalement désemparé.

Je crie: «OHOOO! »

En entendant ma voix qui, elle, n'a pas dû changer, ils se retournent. Mon père a un sursaut. Il fronce les sourcils en me dévisageant.

— C'est toi? demande-t-il complètement ébahi.

— Bah, oui! C'est moi! Qui voulez-vous que ce soit d'autre?

— Tu es tellement transformé qu'on ne t'a pas reconnu!

Ça fait tout de même un drôle d'effet de ne pas être reconnu par ses parents.

cha**F**itre

… comme dans FAIRE

*Ne rien FAIRE est à la
portée de chacun.*

Samuel Johnson

Quelques instants après mon retour à la maison, nous avons droit à la visite de l'oncle Édouard Buquet, le mari de la tante Kiss. C'est un petit homme à la peau rose et douce comme celle d'un bébé. Il porte un grand béret bleu qu'il garde constamment sur sa tête, même quand il est à la maison. Il a de tout petits yeux sombres en boutons de bottine qui s'écarquillent sans cesse quand il nous parle. Quand il se tait, ses lèvres s'ouvrent et se ferment sans arrêt en émettant un léger bruit de petits baisers timides. Au début c'est un peu agaçant, mais à la longue on s'y fait. Après tout, chacun a le droit au tic qu'il veut. LIBERTÉ-ÉGALITÉ-FRATERNITÉ!

L'oncle Buquet est un savant. Et pas n'importe quel savant. Il aurait à son crédit une vingtaine de brevets d'invention. Il promet de nous les expliquer lorsque nous irons chez lui, dans son domaine de La Jonchère, près de Rueil-Malmaison, en banlieue de Paris. Ça ne saurait tarder. Mon père lui propose son traditionnel petit cordial de monbazillac, mais l'oncle Buquet refuse catégoriquement. Il ne boit jamais d'alcool. Jamais! Ma mère lui propose de manger avec nous. Il la remercie mais préfère remettre l'invitation à une autre fois, car il avoue être un peu tatillon sur la nourriture. Il nous explique que depuis qu'il a eu le cancer il ne mange plus n'importe quoi. En effet, depuis un an, tout comme les chimpanzés, il se nourrit exclusivement de dattes. C'est d'ailleurs le mode de vie saine de cet animal qui constitue sa principale source d'inspiration alimentaire. Il nous précise aussi que, le matin, au petit déjeuner, il consomme généralement de petits vers blancs que l'on trouve parfois dans la farine. Il les utilise d'ailleurs de temps à autre comme collation. Il en a toujours une douzaine dans la petite poche de sa veste.

— Si ça ne vous dérange pas de me regarder manger mes vers...

Et sur ces mots, il nous en fait la démonstration. Ma mère a un haut-le-cœur. Mon frère pouffe de rire. Quant à mon père, toujours partant pour de nouvelles expériences, il se dit tout prêt à essayer. Pour ma part, je suis trop parfaitement blindé contre les émotions fortes pour être chaviré.

Pour compléter le tableau du vieil oncle, j'apprends qu'il est séparé de sa femme, la tante Kiss. Elle ne pouvait plus supporter, paraît-il, sa vie de chimpanzé, ses larves et ses vermisseaux qu'il déguste à la place des croissants, ses nuits blanches passées à faire des recherches biochimiques plutôt que de dormir, ainsi que l'incroyable capharnaüm qui règne, dans sa maison et qui, selon toute vraisemblance, aurait fait déborder le vase de leur vie conjugale. L'oncle Buquet me fascine. Je n'ai qu'une envie, c'est d'aller passer quelques jours chez lui. Assurément, c'est un phénomène d'une espèce rare.

Deux jours plus tard, toute notre petite famille débarque au domaine des Malarts. La propriété de l'oncle est immense. Elle est posée au centre du hameau de La Jonchère, telle une île au centre de l'océan. C'est rempli d'arbres et de fleurs. Le jardin est malheureusement très à l'abandon. Ça ne fait rien, car notre mère s'en occupera, elle en fait la promesse à notre hôte. Quant à nous, l'oncle nous annonce qu'il a des travaux d'une extrême importance à nous confier. Mais pour l'heure, on va visiter ses maisons. La première est gigantesque. C'est une maison en briques mi-rouges mi-orange qui s'élève sur trois étages. Quant à la petite, placée dans son ombre, elle ne comprend qu'un seul étage.

— C'est ici que j'habite, n'est-ce pas? informe l'oncle. Dans l'autre, il y a beaucoup trop de choses. Je manque d'espace, n'est-ce pas?

Il est amusant le petit oncle. Il ponctue toutes ses phrases par d'innombrables «n'est-ce pas?» comme s'il attendait une quelconque approbation de la part de ses interlocuteurs. Mais il me plaît. Il est très serein, pausé, sans la moindre méchanceté, sans aucune malice. Dans son regard se trouve une force tranquille qui rassure et apaise dès qu'il nous fixe. Il est d'une grâce austère que je trouve infiniment reposante, douce et calme. Je ressens soudain comme une grande fierté d'être son neveu.

Le moment de la visite est arrivé. Nous entrons dans la demeure principale. J'ai un grand choc! Ce n'est pas une maison, c'est un musée. La caverne d'Ali Baba. L'Inventaire de Prévert! Le fouillis est inimaginable, indescriptible. Il y a là des millions de boîtes, de caisses, de paquets, d'objets les plus hétéroclites que l'on puisse imaginer. On peut à peine circuler tant l'espace est restreint. Ici, un pot de chambre, là, un microscope, une bouée de sauvetage, des bâtons de golf, des quilles, des parapluies, des lampes, des chapeaux de paille, un berceau, des appareils photo, des fils électriques et des poupées de cire. Plus loin, des vélos en souffrance chevauchant des tuyaux, des objets d'optique, dont des jumelles et, partout, dans tous les coins et recoins, des tonnes et des tonnes de papiers, des rapports scientifiques et des livres, des livres, et encore des livres. Cette maison est une forteresse, un dépôt de livres et, on l'a vu, d'objets les plus incroyables que l'on puisse imaginer. La vision est cauchemardesque. Nous en sommes abasourdis. Nous nous demandons bien où il trouvera de la place pour nous loger au milieu de cette cette gigantesque pagaille.

L'oncle-n'est-ce-pas lit probablement dans les pensées, car il nous dit aussitôt:

— Comme vous pouvez le constater, n'est-ce pas, c'est passablement encombré. Pourtant, je vais vous trouver une place pour vous installer, n'ayez aucune crainte! À la vérité, je suis trop absorbé par mes recherches. Je n'ai donc pas le temps de faire le ménage et je ne peux absolument pas confier cette tâche à une tierce personne. Pour quelqu'un d'étranger tout cela peut paraître inutile, dérisoire, n'est-ce pas? Mais en réalité, tout ce que vous voyez ici, je dis bien TOUT, est absolument nécessaire!

Mon père est complètement sidéré. Il a un large sourire qui en dit long, mais jamais il ne lui viendrait à l'idée de douter des propos de notre oncle, et encore moins de se moquer de lui. Ce serait contraire à ses principes... *n'est-ce pas?*

— Mais, on pourrait croire que vous avez tout dans cette maison, lui dit-il avec une pointe d'admiration.

— Oui, vous l'avez dit Choura, rétorque-t-il avec fierté. J'ai mis des années et des années à accumuler tous ces trésors. Je connais la valeur de ce que je possède et, plus important encore, c'est que je sais parfaitement où se trouve chaque objet! Étonnant, non?

Sur ces précisions, l'oncle décide d'épater mon père:

— Tiens, juste pour rire, propose-t-il, demandez-moi quelque chose, un objet, petit ou grand, et je vous parie que je vous le trouve! Je ne vous promets pas de l'apporter immédiatement, parce qu'il pourrait être enfoui sous une pile quelconque, mais ça m'étonnerait de ne pas trouver ici l'objet de vos désirs.

Mon père le prend au mot:

— Disons que je ... Attendez un peu que je réfléchisse. Ah, voilà! J'ai trouvé: un casque colonial...

Je me demande bien où il est allé chercher pareille idée, mais l'oncle, quant à lui, semble soulagé:

— Ce n'est pas trop difficile, annonce-t-il. Ces objets ne sont pas rares en Afrique. Si vous m'aviez dit un casque de soldat allemand de la guerre 14-18, j'aurai peut-être eu besoin d'un peu plus de temps!

Sur ces mots, l'oncle-n'est-ce pas disparaît de notre vue.

Laissés seuls au milieu de ses «trésors», nous nous sentons un peu comme des visiteurs qu'on aurait oubliés dans une salle d'exposition après la fermeture du musée. Sans surveillance, nous sommes libres de tout examiner et de commenter à notre guise. Mais notre visite sans accompagnateur ne dure pas très longtemps, car on entend déjà les pas de l'oncle dans les marches du grand escalier, tout aussi encombré d'ailleurs que le reste des pièces. Il est fier de lui. Il tient dans sa main le casque colonial réclamé par mon père; celui-ci n'en revient pas.

Notre prochaine mission consiste à tenter de libérer deux pièces. La nôtre se trouve au premier, quant à celle réservée aux parents, elle est au rez-de-jardin. L'aménagement des pièces dure des heures. Nous transbahutons les boîtes et autres objets sous la haute surveillance de l'oncle. Il ne saurait être question de déplacer le moindre objet sans qu'il ne connaisse avec précision son nouvel emplacement.

Fasciné par le tonton, je risque une question. Mon français est toujours aussi rudimentaire, mais il faut bien commencer un jour:

— Vous, ici, vivre seulement UN?

Mon père qui a deviné ma question, se précipite pour me corriger délicatement:

— Le petit aimerait savoir si vous vivez… SEUL.

L'oncle acquiesce. Au sourire qui se dessine sur son visage, on sent qu'il va nous donner une explication:

— Seul, seul, c'est un grand mot, n'est-ce pas? Tous les jours, lorsque je suis ici, deux ou trois petites visiteuses viennent égayer ma solitude. Mes amies sont des petites… souris. Elles viennent surtout à l'heure des repas. Leur compagnie me suffit amplement. Ce qui, soit dit entre nous, me crée tout de même un petit embarras. Vu que, comme vous le savez, je me nourris à l'exemple des singes et que ce n'est pas forcément la nourriture que préfèrent mes amies les souris, cela me force à acheter des gâteries exclusivement pour les recevoir: un morceau de pain ou un bout de fromage. Oh, elles ne sont pas très exigeantes, vous savez, mes petites souris! Mais enfin, il y a un minimum que l'on doit faire pour qu'une amitié dure, n'est-ce pas?

Sa sollicitude nous attendrit. Mais, étant donné que les petits rongeurs inspirent à ma mère une peur irrépressible, mon père décide de ne pas lui traduire la dernière confidence de notre hôte.

J'ignore si c'est par curiosité ou pour éviter un point mort dans la conversation qui risquerait que ma mère exige une interprétation simultanée, mon père lance une question supplémentaire:

— À propos, vous dites que vous vivez seul... hormis vos petites compagnes, mais, votre femme, Kiss, est-ce que...

— Ah, la chère Kiss? Eh bien, non, voilà quelques mois déjà que nous ne vivons plus ensemble. À la fin, ça se passait très mal. Elle n'était pas du tout d'accord avec mes recherches, surtout celles qui ont trait à la médecine, n'est-ce pas? Elle refuse d'admettre que quelqu'un qui n'a pas de formation médicale puisse faire des découvertes dans le domaine de la santé. Ils sont tous pareils ces docteurs, n'est-ce pas? Hors de leurs laboratoires, point de salut! Souvenez-vous du pauvre Pasteur! Et puis, avec tout ce que j'ai à faire, je ne vois pas comment je pourrais vivre en couple. Il faut savoir que Kiss n'est pas une femme ordinaire. C'est une comète. Une étoile filante!

Notre curiosité est piquée. On veut en savoir plus. Mon père insiste en prenant bien soin de montrer qu'il n'insiste pas...

— Et... où vit-elle maintenant, Kiss?

— Aux dernières nouvelles, elle est toujours à la campagne. Depuis la fin de la guerre, c'est là qu'elle pratique. Quand elle vient à Paris, bien que ce ne soit pas de mes oignons, je crois savoir qu'elle vit chez son copain, un certain Paul... Paul Cliche... Je ne serais pas autrement étonné, n'est-ce pas, si elle avait eu un enfant avec lui... Mais ça, c'est une autre histoire, n'est-ce pas? Et puis, à vrai dire, je m'en fous É-PER-DU-MENT, n'est-ce pas?

Il insiste beaucoup sur le mot éperdument. Pendant qu'il le dit, en prenant bien soin de détacher les syllabes, je crois tout de même apercevoir dans son regard, le temps d'un clignement de paupières, une sorte de regret. Puis, comme s'il voulait mettre un terme à ces confidences avant qu'elles ne tournent aux ragots, il lève la main et en remet un peu:

— La vie de Kiss est très compliquée à suivre. Il paraîtrait que, depuis quelque temps, le petit Paul serait en disgrâce.

Puis, appuyé par un soupir discret style «je ne vous dis pas tout» il ajoute:

— J'ai appris, n'est-ce pas, qu'elle s'est mise à l'étude de la langue russe. Voyez-vous ça! Je me demande pourquoi le russe et pas le chinois. Il y aurait un cosaque dans les parages que ça ne surprendrait pas!

Du coup, je me dis que notre nouvelle famille sera peut-être légèrement plus étendue que prévu.

À suivre.

Notre première nuit chez l'oncle Buquet se déroule comme au paradis. Après avoir déplacé un amoncellement de boîtes, nous avons réussi à nous aménager un gîte très acceptable. Il faut toujours prendre soin de ne rien renverser dans nos déplacements, mais le doigté est facile à acquérir.

Pour les repas, c'est une autre affaire. Il n'y a pas d'épicerie dans le hameau. Lorsque nous manquons de provisions, il nous faut descendre, à pied, jusqu'à Rueil. L'expédition dure des heures. Nous comprenons qu'il faut prévoir des victuailles pour les jours à venir, car l'expédition est laborieuse. Pour remonter la côte, nous sommes chargés comme des mulets. Personne n'a l'idée de se plaindre, d'autant que c'est le brave oncle qui, en plus de nous offrir le gîte, nous offre aussi les comestibles.

— Je ne vais pas vous laisser seuls aux repas, dit-il. Rassurez-vous, je ne suis pas un sauvage. Par contre, ne vous offusquez pas si je ne partage pas vos plats. Je suis un régime très strict qui ne m'autorise AUCUN écart. Si je devais tricher, je risquerais de voir mon cancer revenir. J'ai mes petites dattes et mes vermisseaux. Ça me suffit amplement.

Mon père, stupéfait mais toujours désireux d'apprendre tout ce qu'il peut, profite que nous soyons à table pour interroger notre oncle sur son fameux régime. Au sourire radieux que celui-ci nous adresse, je comprends qu'il est flatté de l'intérêt qu'on porte à sa découverte. Il va avoir l'occasion de nous livrer le fruit de ses recherches comme un grand cadeau que l'on offre à des privilégiés. Ce cadeau, il nous le présente avec beaucoup de ménagements.

— Un jour, dit-il les sourcils légèrement froncés, j'ai appris que j'avais le cancer. J'étais catastrophé. Les médecins étaient tous catégoriques! Vous savez qu'il n'y a rien encore qui existe pour combattre cette terrible maladie. J'étais, vous l'imaginez bien, totalement désemparé. Mon esprit était en proie à une confusion totale. Je savais que mes jours étaient comptés. On ne me laissait aucun espoir. Mais moi, je ne voulais pas mourir! Je me suis donc mis à étudier la maladie pour comprendre pourquoi elle attaquait l'homme moderne. En faisant mes recherches, je suis remonté aux origines de l'humanité. Ici, j'ouvre une parenthèse, et je remercie le ciel en passant, même si je ne suis pas croyant. Je suis de ceux qui croient que l'homme descend du singe. Mais ça, faut jamais le crier trop fort! Dans son temps, Darwin l'a appris à ses dépens. Souvenez-vous que son étude sur l'origine des espèces a été interdite! Je me suis donc mis à étudier les gorilles, les chimpanzés, et je me suis rendu soudainement compte que, chez les primates, LE CANCER N'EXISTAIT PAS!

Je hoche la tête pour lui signifier que moi aussi j'ai compris. Pas besoin d'attendre la traduction de mon père.

Emporté par l'allégresse, il en laisse tomber son paquet de dattes. Je me précipite pour le lui ramasser et pendant que je lui tends ses fruits secs, l'oncle poursuit son envolée:

— À partir de ce moment-là, ce fut comme pour l'œuf de Colomb...

Je ne comprends pas ce qu'il entend par là, mais il n'est absolument pas question de l'interrompre.

— ... Je me suis mis à étudier ce qui nous différenciait d'avec les singes. D'abord, leur habitat, n'est-ce pas? Contrairement à nous, ils vivent en pleine nature. Primo: dans la jungle, il n'y a pas de pollution! C'est clair et c'est primordial. Secundo, et c'est là que j'aborde le point crucial de mes recherches: LA NOURRITURE! Les singes ne mangent rien des cochonneries que nous mangeons. Et savez-vous où se trouve le plus grand danger chez nous? C'est dans la poêle à frire! Oui, les fritures sont totalement à proscrire! C'est poison! C'est mortel! Il n'y a pas de discussion possible. Toutes les graisses qu'on absorbe, et particulièrement celles qui servent aux fritures, sont des POISONS, n'est-ce pas?

Eh bien là, du coup, l'oncle vient de saborder sans merci toutes les spécialités de ma mère! Finies les crêpes aux pommes de terre, les petites pommes sautées, les frites, les biftecks. Je ne suis pas certain que cette révélation du grand savant me réjouisse plus que ça. Un morne découragement m'envahit. Pendant la guerre, c'étaient les Allemands qui nous empêchaient de manger ce que nous aimions; maintenant que la guerre est finie, notre oncle prendra-t-il leur relève?

Après avoir résumé la vulgarisation de sa découverte, l'oncle se lève énergiquement et va retrouver son laboratoire. Il reste à mon père la lourde tâche d'interpréter, pour le bénéfice de ma mère qui n'a rien compris, les paroles du chercheur.

Sa réaction, que j'approuve inconditionnellement parce qu'elle fait mon affaire, ne se fait pas attendre:

— Ceux d'entre vous qui voudraient faire les singes, sauter de branche en branche en mangeant des dattes et des vers de terre — biach! foui, foui foui! —, libre à eux. Nous sommes entourés d'arbres ici, ne vous gênez pas. En ce qui me concerne, je vais éplucher les pommes de terre, car je commence à avoir faim. Qui est-ce qui veut m'apporter la poêle à frire?

Le lendemain, je goûte aux dattes de l'oncle. C'est la première fois de ma vie que je fais cette expérience. J'aime beaucoup. Pour ce qui est des petits vers, merci, il repassera.

Ayant constaté avec joie l'intérêt que mon père semble porter à sa découverte révolutionnaire en matière d'alimentation, l'oncle Buquet nous convoque à une petite réunion d'information:

— Les singes sont des créatures étonnantes. Si on les connaissait mieux, l'espèce humaine ne pourrait que grandement en profiter.

Après ce bref préambule, il fait une courte pause afin de donner le temps à notre père de traduire ses propos.

— Il y a comme, vous le savez, cinq espèces de primates proches de nous, n'est-ce pas? On trouve d'ailleurs plus de différences entre les hommes qu'entre le singe et l'homme. Normalement, contrairement aux hommes, les singes, qui sont plus *humains* que nous, partagent leur nourriture sans la moindre agressivité! Au cours de mes recherches, j'ai noté que les singes s'embrassaient comme nous. Mais eux, ils ne mettent pas de rouge à lèvres. Il y en a qui vivent en solitaires, d'autres en couples ou encore en harem. Ce qui est à retenir et à imiter, c'est qu'il est fondamental pour eux de faire une sieste digestive. Et, je vous le rappelle, n'est-ce pas, ils se nourrissent de fruits, d'écorces, d'œufs, d'insectes ou de quelques petites proies animales qu'ils ne sauraient manger autrement que crues. Ils ne font RIEN FRIRE, eux! Voilà pourquoi je le répète haut et fort: IL N'Y A PAS DE CANCER chez les singes! Le danger, c'est la poêle à frire. Il faut à tout prix bannir la poêle à frire!

Cet avertissement réitéré qui ne supporte aucune exception, même en ce qui concerne ma mère, qui est sûrement née avec une poêle à frire à la main, le vieux chercheur passe heureusement à un autre sujet, moins controversé.

La tâche que l'oncle Buquet s'apprête à confier à mon frère et à moi est à peine concevable. Il y a, dans sa cour, une élégante petite auto sport décapotable. Il l'a achetée lorsqu'il vivait encore avec sa femme, mais n'a jamais su la conduire. Ayant très peu servi, le véhicule est dans un excellent état. Mais notre oncle n'en a cure. Il trouve que la diabolique machine occupe trop de place dans sa cour. Il est d'avis que, réduite en morceaux, elle lui serait d'une plus grande utilité.

— Vous comprenez, dit-il, j'ai toujours besoin de morceaux de métal et ça serait bien commode, n'est-ce pas, de les avoir sous la main...

Nous n'en croyons pas nos oreilles. Pourtant, quand il nous apporte deux énormes masses, nous nous rendons compte qu'il ne plaisante pas!

Il y a, dans la démolition d'une auto presque neuve, un geste difficilement compréhensible pour qui n'a jamais vécu pareille démarche. Une telle expérience ne doit pas se présenter souvent. En empoignant le lourd marteau, que j'ai de la difficulté à soulever, je me demande si je vis ou si je rêve. Je réfléchis un moment puis, en chœur avec mon frère, assène dans un geste de révolte un grand coup sur le pare-brise. Il part en mille morceaux. L'oncle se présente à nous pendant que nous sommes en pleine action. Il examine l'œuvre de son équipe de démolisseurs. J'ai peur qu'il ait changé d'idée. Pour mieux observer sa réaction, par précaution nous posons par terre nos outils destructeurs.

— Vous... content? lui dis-je en plantant mon regard dans le sien.

— Bravo les garçons, dit-il, enchanté. C'est très bien, n'est-ce pas. Seulement, faites bien attention de ne pas vous blesser. Prenez chacun votre côté de la voiture; ce sera moins dangereux!

Deux jours plus tard, la voiture est en mille miettes et notre oncle absolument ravi.

Le reste de la semaine s'écoule dans une atmosphère des plus agréables. Le travail de démolition étant terminé, nous n'avons d'autre occupation que celle de fouiller dans les livres que nous découvrons à tous les étages de la maison, ou de jouer dans le jardin, infesté de serpents. Voyant notre frayeur des reptiles, le maître des lieux entreprend de nous enseigner à différencier les couleuvres des vipères. Notre père doit une fois de plus nous servir d'interprète.

— La distinction est facile à faire, n'est-ce pas? dit-il en brandissant une vipère dans une main et une couleuvre dans l'autre. La vipère est dangereuse, tandis que la couleuvre est inoffensive. La tête de la vipère est triangulaire tandis que celle de la couleuvre est ronde. Cette dernière, n'est-ce pas, a un corps long et fin. Voyez-vous comme sa pupille est ronde? Par contre, si vous observez bien la vipère, vous verrez que son corps est plutôt trapu et beaucoup plus court. Sa pupille est verticale. Il faut s'en méfier comme de la peste. Pour bien vous familiariser avec la couleuvre, je vais vous en attraper deux petites que vous pourrez emporter gentiment avec vous à Paris. Vous verrez, elles sont faciles à apprivoiser.

Cette promesse nous ravit, mon frère et moi, mais elle horrifie littéralement notre mère qui menace d'abandonner le foyer familial si jamais l'idée nous prenait d'introduire le moindre reptile dans la maison.

En attendant un moment plus propice aux négociations avec elle, je demande à mon père s'il veut bien faire savoir à l'oncle

Buquet que je souhaiterais voir au moins une de ses inventions. L'oncle nous invite aussitôt à le suivre dans sa petite demeure — celle qu'il partage avec ses souris — et nous dirige dans un coin de son laboratoire où nous découvrons une série de lampes: son orgueil.

— Voilà une de mes inventions dont je suis le plus fier, dit-il. Je le dis sans fausse modestie. J'ai inventé, il y a quelques années, un système révolutionnaire d'articulations et d'équilibrage de poids qui leur permet d'adopter n'importe quelle position sans que l'on soit obligé de les ajuster de quelque façon que ce soit. Vous les montez, hop! vous les descendez, hop-là! vous les tournez selon votre désir et, comme vous pouvez le constater, elles restent automatiquement dans la position que vous avez choisie.

Joignant le geste à la parole, il exécute devant nous une série de démonstrations très convaincantes.

— À ce propos, ajoute-t-il, je dois vous dire que la station de radio *Paris-Inter*, qui a ses studios aux Champs-Élysées, vient de s'équiper avec mon système, non pas pour ses lampes, mais plutôt pour ses microphones. Vous pouvez imaginer comme c'est pratique!

Je suis émerveillé. J'ouvre la bouche toute grande. Cet homme est assurément un être hors série! Il a choisi de vivre en harmonie avec la solitude et les choses de la nature. Je m'en ferai un modèle. J'envie ses connaissances et son talent. J'aimerais pouvoir vivre un temps à ses côtés pour profiter de sa science, de tout son génie. Découvrir ses innombrables découvertes. Qui sait, un jour peut-être, pourrai-je moi aussi inventer quelque chose de révolutionnaire et d'utile au monde entier?

— Tu sais, me dit l'oncle, comme s'il avait une fois de plus lu dans mes pensées, si tu trouves une bonne idée un jour, si tu imagines quelque chose d'intéressant, je te montrerai comment on fait pour obtenir un brevet. Promis, n'est-ce pas?

Sa proposition me fait rêver. Je me fais déjà mon cinéma.

Au fait, comment fait-on pour inventer? Comment fait-on pour découvrir ce qui n'existe pas encore? Comment penser à un objet que personne n'a vu et dont tout le monde a su se passer jusqu'ici?

Je sens que j'aurai beaucoup de questions à poser à mon oncle inventeur. Beaucoup à apprendre de lui.

N'est-ce pas?

La semaine s'est écoulée comme un rêve. Ma mère a fini par céder. Nous revenons chez nous avec deux minuscules couleuvres installées avec beaucoup de précaution dans une boîte en carton.

cha**C**itre

... comme dans GENS

*Les GENS ont quelque
chose en commun: ils sont
tous différents.*

Robert Zend

Mauvaise nouvelle: mon oncle Alec, le frère de mon père, est décédé subitement à Marseille. Mes parents, qui économisaient leurs sous pour aller lui rendre visite instamment, sont plongés dans une douleur extrême. Ils prennent le train aussitôt pour assister aux obsèques de cet oncle humoriste et caricaturiste que je n'aurai pas la joie de connaître. Quatre jours plus tard, ils sont de nouveau auprès de nous. Ma mère porte un voile noir sur son chapeau, et mon père, un crêpe à son bras et au revers de sa veste.

En apprenant leur retour en ville, la tante Kiss arrive sur le champ.

— Je viens constater les dégâts, dit-elle. Ceux que le petit a subis en Bretagne ainsi que les séquelles qui vous restent de votre visite chez mon ex-mari.

Mon frère et moi avons aussitôt droit au stéthoscope. L'examen médical terminé, Kiss annonce qu'elle nous trouve en bonne santé. Ce qui ne nous empêche pas de recevoir une petite piqûre dans la fesse droite. Pure prévention!

Histoire d'épater la brave tante, j'entame une petite conversation. En français, s'il vous plaît! Pour réussir pleinement ma démonstration et m'exprimer sans accent, je contracte mon gosier pour le rendre pareil à ceux des Parisiens. Elle n'en revient pas et sourit à pleines dents. Un torrent de félicité se rue dans ses veines. Lorsqu'elle est heureuse, c'est comme lorsqu'elle est fâchée: elle explose comme une bombe.

— Eh bien, MERDE ALORS! lance-t-elle sans retenue; on va peut-être finir par en faire quelque chose, de celui-là!

— Merde, oui! lui dis-je en l'imitant...

— Ah, non... non... non! Tu n'as pas le droit, toi! C'est un gros mot. Les enfants bien élevés ne doivent pas dire «merde». Tu comprends? Non, bon ça ne fait rien. Je t'expliquerai un jour. Pour le moment, nous avons autre chose de beaucoup plus important à régler.

La tante Kiss est un vrai général. Avec elle, on marche au pas sinon on est aux arrêts de rigueur ou — pourquoi pas? —. fusillé! Allons-y mon général! On vous écoute. Son commandement tombe pendant que je feins d'être au garde à vous. La tante a décidé de nous emmener avec elle à la campagne où elle a installé sa pratique.

— Là-bas, comme les gens n'ont pas toujours de fric pour me payer, dit-elle, très souvent, on fait du troc. Ainsi, j'ai toujours du poulet, du porc, du mouton, des pintades et tous les fruits et légumes qu'on peut souhaiter. La maison est grande. Je suis seule, c'est-à-dire presque seule, parce que j'héberge Igor, un soldat russe. Vous verrez, il est très sympathique. Il ne vous dérangera pas, Igor!

Sans qu'il soit nécessaire de nous faire un dessin, nous comprenons que si Igor est un militaire de l'armée rouge, il ne peut être autre chose qu'un déserteur.

La tante n'aime pas les mystères, elle préfère que les choses soient claires:

— Voilà. Pour tout vous dire, nous confie-t-elle, je le cache chez moi, parce que je voudrais qu'il reste en France. C'est un garçon très attachant qui souhaite refaire sa vie ici. Il ne parle malheureusement pas encore le français mais, d'un autre côté, cela m'oblige à apprendre le russe. C'est enrichissant!

D'ailleurs, si vous vivez quelque temps avec moi là-bas, ce sera plus facile pour tout le monde. Comme vous parlez le russe, vous me donnerez des leçons!

Et pour compléter l'article qu'elle est en train de nous faire elle ajoute:

— Nous sommes encore en période de vacances. Ça fera beaucoup de bien aux enfants avant la rentrée des classes!

Ma mère, toujours un peu méfiante, nous dit que cette aventure ne l'enchante guère.

— C'est un Russe. Il a déserté l'armée. Il est bien évident que les bolcheviks ne vont pas le laisser filer. Ils vont le chercher, et si jamais ils le trouvent, devinez quoi? Ils vont nous trouver, nous aussi. Ça vous chante, vous, de repartir pour la Sibérie? *Yésuss-Maria*, pas moi!

Mon père fait part de nos craintes à la tante, mais elle les efface du revers de la main:

— Mais non, mais non. Il n'y a rien à craindre, dit-elle pour nous rassurer. N'oubliez pas que je suis toujours dans l'armée française. J'ai des médailles, moi! Je voudrais bien voir ça! Si ça devait arriver, on fera la révolution! On sait faire. On l'a déjà faite...

Pas elle, sans doute, me dis-je, mais enfin, c'est tout comme...

Après consultation, mes parents cèdent finalement. Marché conclu. On partira tous le lendemain, en train, et la tante viendra nous chercher à la gare de Bouy. Sa voiture est beaucoup trop petite pour nous emmener tous à la fois de Paris, mais il ne devrait pas y avoir de problème pour le trajet de la gare à la maison.

chaHitre

… comme dans HUMAIN

La France est la patrie du genre HUMAIN et l'on y est très accueillant aux étrangers, exception faite, bien entendu, pour les amerloques, les angliches, les fridolins, les macaronis, les espingouins, les polacks, les macaques, les ratons, les youpins et autres métèques.

Thierry Maulnier

Tante Kiss vient nous chercher à la gare avec un petit coupé décapotable, semblable en tous points à celui que nous avons réduit en miettes il y a quelques jours chez son ex-mari. Soudain, l'image de la carcasse de son jumeau s'impose à moi très importunément. Je me dis que, lorsqu'ils vivaient ensemble, la tante et l'oncle devaient avoir deux autos. Une qu'ils utilisaient à Paris et l'autre à la campagne.

Celle qui est restée à Paris étant devenue inutile pour l'oncle, qui ne conduit pas, a donc subi le triste sort que l'on connaît. Faut pas le dire à tante Kiss! En apprenant la nouvelle, elle risquerait de piquer une sainte colère. Elle est comme ça, la tante. Irascible, colérique, très soupe au lait, comme disent les Français. Je ne vois pas d'ailleurs le rapport entre la soupe au lait (que j'adore) et la colère, mais enfin, je n'en suis plus à mon premier mystère quand il s'agit des expressions françaises.

Le périple entre la gare et sa maison se fait en deux temps. Mon père et ma mère ont droit à la première tournée. Ma mère prend place sur la banquette avant, près de la tante. Mon père, lui, s'installe carrément dans la malle arrière qui, une fois ouverte, offre la possibilité d'asseoir confortablement deux personnes. Heureusement qu'il ne pleut pas, car, exposé aux quatre vents, il serait totalement détrempé.

Dix minutes plus tard, c'est à notre tour de quitter la gare. Pendant que mon frère s'installe à l'extérieur sur la banquette en cuir, je prends place auprès de ma tante.

La voiture me paraît plus mal en point que celle que nous avons démolie il y a quelques jours. Les changements de vitesse s'effectuent dans un fracas d'enfer. Ma tante conduit avec concentration et beaucoup de raideur. Chaque modification de vitesse, qui semble ardue à effectuer, est accompagnée d'un bref commentaire. Toujours le même:

— MERDE! et puis merde, merde... quelle merde que cette merde!

Au bout de ce long chapelet organique, on arrive enfin au but.

Des pelouses et des arbres centenaires enchâssent la maison qui est très grande. Elle a un toit d'ardoises vertes, comme dans les contes de fées, et des fenêtres d'un vert glauque bouteille. Les boutons de cuivre de toutes les portes étincellent. Dans la cour gravillonnée et bordée de plates-bandes, où ma tante gare son bruyant bolide, une meute de poules caquètent bruyamment devant un superbe coq à l'allure altière. Aucune de ces volailles ne se doute encore qu'avec notre arrivée leur règne sera bientôt abrégé.

La cuisine se trouve immédiatement à l'entrée. C'est ici que vaque à ses servitudes quotidiennes Madame Ginette, cuisinière et ménagère des lieux. Madame Ginette est rondelette et virevolte sans cesse. Son visage semble boursouflé de pommes d'Adam. Ses yeux sont vert bouteille avec une fixité veloutée qui ne manque pas de charme. Elle est chaussée de spartiates dont les talons claquent sur les dalles chaque fois qu'elle se déplace dans la maison. Elle m'accueille avec un clin d'œil complice par lequel je dois comprendre que nous ne serons pas ennemis. Ça ne commence pas trop mal. Nos chambres sont situées au rez-de-chaussée. L'étage supérieur est réservé à ma tante et à l'énigmatique Igor, qu'on ne va pas tarder à rencontrer. Vu que nous n'avons pratiquement pas de bagages, notre installation se fait en un tournemain. Pendant ce temps, la tante monte à l'étage supérieur où se trouve son refuge personnel. Elle va sans doute prévenir Igor.

Ça y est, c'est le moment. On va le rencontrer. Nous sommes invités à monter. Ma mère qui, au sortir de la guerre, n'apprécie pas plus les Russes que les Allemands, surtout quand il s'agit de soldats, décide de baptiser Igor du nom de «Prince». Cette marque d'ironie annoncée avant la rencontre influence considérablement notre jugement à tous.

Le «Prince» est vêtu d'un pantalon et d'une chemise de couleur kaki jaunâtre, une teinte qui nous a longtemps donné la chair de poule lors de l'occupation soviétique. Il est carrément vautré sur le lit et conserve cette position avachie, l'œil perdu dans quelques lointaines pensées. L'entretien ne dure heureusement que quelques minutes, le temps de dire (faussement) que nous sommes contents de le connaître (on n'allait tout de même pas dire le contraire), que nous allons avoir le plaisir de bavarder en russe ensemble (faudrait pas qu'il compte trop là-dessus) et que et que et puis… merde!

Tout au long de cette brève rencontre, ma mère conserve un visage rembruni. Personne ne peut la faire sourire quand elle n'en n'a pas envie. Un point, c'est tout! *Tegul jis eina po velniu tas bolsevikas!* [1]

En redescendant, pour tout commentaire, elle se contente de faire une grimace qu'accompagnent les mots habituels qu'elle

---

[1] Qu'il aille au diable ce bolchevik!

dit lorsque quelque chose lui répugne: «*Foui, foui! Koks chamas, tas durnas bolchevikas* [2]».

Je la connais bien, ma mère. Elle n'a besoin que d'un mot, d'une onomatopée pour exprimer clairement sa torpeur, sa hargne, l'âcreté de ses humeurs. En tous les cas, en ce qui concerne le Prince, nous sommes fixés. C'est *FOUI!*

Il ne faut pas oublier que nous sommes en vacances. En dehors des heures de repas que nous prépare avec soin Madame Ginette, chacun a le droit de faire ce qu'il veut. Chacun, sauf moi. En effet, la tante a décidé qu'au cours du séjour je serai son accompagnateur, son assistant. Cette nouvelle responsabilité m'honore et me flatte. En clair, cela signifie que je l'accompagnerai dans tous ses déplacements, que je transporterai sa trousse de médecin et que j'aurai l'occasion d'assister aux consultations. Le plus séduisant de cette aventure est que je serai souvent en auto. Un passe-temps qui est loin de me déplaire. J'y ai pris le goût à Würsburg alors que j'aidais (ou que je m'amusais plutôt en faisant semblant d'aider) les soldats américains à faire basculer les autos des Allemands dans le Main.

Durant des jours et des jours, je parcours en compagnie de ma tante toutes les routes de campagne. Parfois, nous rentrons très tard à la maison bringuebalant et tintinnabulant, car l'auto a des pannes (ce qui est plutôt fréquent) et que nous devons la pousser des kilomètres et des kilomètres dans les chemins de campagne sur lesquels on ne rencontre jamais âme qui vive.

Lorsqu'elle ausculte un patient, la tante insiste pour que je ne me tienne pas loin d'elle, toujours prêt à lui apporter les instruments médicaux dont elle a besoin pour son travail. J'apprends ainsi à connaître tous les noms et l'usage auxquels ceux-ci sont destinés.

---

[2] Quel malappris cet idiot de bolchevik!

— Apporte-moi le garrot. Il me faut un cathéter. Nous aurons besoin de catgut, lance-t-elle tranchante comme ses scalpels.

Le stylet, la curette, l'attelle, le spéculum et les écarteurs de plaie n'ont plus de secret pour moi.

Végétations, amygdales, fractures, prophylaxie, rubéole, coqueluche, rougeole, oreillons, varicelle, anémie, ankylose, tendinite, angine et zona sont dorénavant des mots qui me sont familiers. Ma tante semble heureuse de voir que je profite de son enseignement.

— C'est mon jeune neveu, annonce-t-elle à ses patients. Il m'aide beaucoup. Il sera peut-être médecin plus tard, qui sait? Il a plein de dispositions pour ça. Heureusement qu'il est là, parce qu'autrement, avec tout le travail que j'ai, ce serait l'enfer! Je ne sais pas ce qu'ils ont les gens en ce moment, mais on dirait que tout le monde s'est passé le mot pour être malade en même temps. Merde alors!

Lorsqu'elle me présente comme son «assistant», j'esquisse généralement un large sourire où j'insinue toute la câlinerie compatible au respect et à l'admiration que j'inspire. C'est vrai, ce n'est pas tous les jours qu'on rencontre un enfant — qui va bientôt avoir douze ans — capable d'être le bras droit d'un célèbre médecin de campagne… médaillé de l'armée française!

Mais le jour où tante Kiss me fait assister à une opération d'urgence — qui, vu la gravité de l'infection est pratiquée en direct dans le salon d'un malheureux monsieur dont la main a l'allure d'une balle de tennis —, je tourne carrément de l'œil. Quand, après avoir incisé sa paume, notre docteur militaire entreprend d'en vider tout le pus verdâtre, j'ai envie de crier aussi fort que l'infortuné malade. Habituée sans doute à soigner les vaillants soldats au combat, elle n'a pas pris la peine de l'anesthésier.

Une autre fois, j'assiste à l'opération d'un homme qui venait d'être touché par une balle tirée par un inconnu. Il y a un tout petit trou dans sa poitrine, trace d'entrée du projectile. Rien n'indique toutefois qu'il en soit ressorti. Il ne saigne pratiquement pas mais se plaint d'une grande douleur. La charcuterie me bouleverse trop. J'assiste à l'extraction du projectile... les yeux fermés, assis dans un coin de la pièce.

Après l'opération, l'homme insiste pour repartir aussitôt, à pied.

Tante Kiss me dit qu'il s'agit peut-être d'un collabo qui a été reconnu et que quelqu'un a essayé de trucider.

— Quoiqu'il en soit, commente-t-elle après le départ de l'homme, quand on est médecin, on ne fait aucune distinction... On est là pour aider, pas pour juger, et encore moins pour punir...

Non. Je ne serai pas médecin. Pas plus envie d'être médecin que d'être malade.

Sur le chemin du retour à la maison, où nous attend toujours un délicieux potage, la tante me demande de lui apprendre des mots en russe et de corriger son accent. Sa façon de s'exprimer me paraît parfois ridicule, surtout à cause de sa manière de prononcer les «r». Elle n'arrive absolument pas à les rouler. Elle a beau être médecin, porter des épaulettes, des étoiles et des galons sur sa veste militaire, il y a des choses que je sais tout de même faire mieux qu'elle.

Les journées s'écoulent lentement, calmes, paisibles. Mon père est plongé dans des livres qu'il puise dans l'immense bibliothèque de ma tante. Ma mère brode ou assiste Madame Ginette, qui se signale en laissant traîner ses manches dans les plats. Je ne sais comment elle fait, mais ses manches se retrouvent constamment dans la soupe, dans l'huile des sardines et la sauce béarnaise. Mon frère, lui, traîne généralement dans la basse-cour, fait peur aux poules ou passe des heures à essayer de se fabriquer un sifflet dans une branche d'arbre. Quant à Igor, notre Prince, il est toujours barricadé dans sa chambre avec les rideaux bien tirés. Le bataillon qu'il a déserté se trouve à quelques kilomètres à peine de la maison. Le danger est donc présent. La moindre imprudence pourrait lui être fatale. Quand ma tante n'est pas en consultation, elle est à ses côtés. Parfois, il lui arrive de s'isoler sur la véranda, où elle dévore deux ou trois livres à la fois.

— Je trouve que lire le même livre, du début à la fin, est monotone, dit-elle. Je préfère lire une vingtaine de pages de l'un pour passer à une dizaine de pages de l'autre et ainsi de suite. Comme ça, pas de risque de s'endormir. Avec ma méthode, mon esprit demeure constamment en éveil...

Ma mère trouve cette façon de lire complètement farfelue, mais plus rien ne nous étonne avec la tante Kiss, qui circule fréquemment pieds nus, même lorsqu'elle est à Paris.

Un matin, alors que tout le monde est encore au lit, nous sommes réveillés par des cris et des pleurs. Une catastrophe vient de survenir. Nous n'avons pas le moindre soupçon sur ce qui motive les clameurs. Prudemment, nous nous levons, tirons discrètement les rideaux pour comprendre ce qui arrive. Dehors, c'est le drame. Un camion militaire est là, un drapeau rouge planté sur le pare-chocs avant. Deux soldats encadrent Igor à qui ils ont mis des menottes. Ils forcent sans ménagement le fugitif à monter dans le véhicule. La tante Kiss se trouve juste derrière eux. Elle est en chemise de nuit. Elle crie et pleure toutes les larmes de son corps en implorant les soldats de lui laisser son Igor. Personne ne lui prête attention. La scène est pathétique. Voici venue la fin de l'escapade du Prince Igor. Pieds nus, mains jointes, hurlant de toutes ses forces, la malheureuse femme court derrière le groupe:

— Igor, Igor, mon amour! *Igor, ya tibia lioubliou! Tavarischtchi, pajalasta: padajditie, padajditie!* [3]

---

[3] Igor, je t'aime! Camarades, s'il vous plaît, attendez, attendez!

Les soldats sont totalement insensibles à son désarroi. Ils remontent dans le camion sans même lui adresser un regard, claquent les portières, et le véhicule démarre en trombe, laissant derrière lui un épais nuage de poussière. Tels des projectiles, des gravillons arrachés à la route par la force motrice des roues du mastodonte mitraillent sans merci l'amoureuse éplorée. En moins d'une minute, le camion disparaît à l'horizon. La malheureuse tante Kiss reste quelques instants au milieu de la route. Elle est complètement démolie.

La scène m'est insupportable. Personne ne peut l'aider. Je détourne les yeux.

Ce sera ma première vision du pouvoir de l'amour.

Pendant des jours et des jours, elle reste silencieuse et cloîtrée dans sa chambre en refusant de se nourrir. Mon père tente de la consoler tant bien que mal en lui donnant de l'espoir:

— Mais la guerre est finie, dit-il. Ils vont le relâcher. Il va revenir. Tout va s'arranger...

La tante n'en croit pas un mot. À force de pleurer, ses larmes se sont taries.

— Tu parles, ils vont tout simplement le FUSILLER! dit-elle en poussant un cri de désespoir.

Et pour bien nous faire comprendre sa crainte, elle le crie en russe: *Vistriliat!* [4]

Sa détresse me glace le sang dans les veines. Je suis tendu comme une corde d'arc mais ne sais que faire pour l'aider à surmonter ce qui me paraît être le pire moment de sa vie. «Il n'y a rien à faire», murmure mon père en passant sa main dans mes cheveux. Rien à faire. Il n'y a que le temps qui pourra la guérir... Pauvre Kiss! Ma mère, qui s'était tenue légèrement à

---

[4] Fusillé!

l'écart, s'approche de nous afin de ne pas être entendue par Kiss et, tout en conservant son air compatissant, chuchote:

— Elle croit qu'il sera fusillé?

— Oui, répond mon père, attristé.

— Eh bien, ça nous fera toujours un bolchevik de moins! commente-t-elle désabusée.

Mon père est offusqué par sa remarque. Je le sens faire un énorme effort afin de ne pas lui répliquer. Il connaît trop bien la valeur d'une vie humaine et ne se permettrait jamais qu'on plaisante de la sorte. C'était à prévoir: la triste tournure des événements met brusquement court à nos vacances.

Nous retournons à Paris. Il faut se préparer: ce sera bientôt la rentrée des classes. Ma première rentrée dans une école française!

— Nous croyons en Dieu, nous sommes catholiques, me dit mon père, tu iras donc dans une école privée où l'on fait la prière. Pas question qu'on t'inscrive dans une de ces écoles communales. Je sais que ça va me demander quelques sacrifices supplémentaires, mais ils en valent la peine.

Je suis aussitôt inscrit à *l'Externat Saint-Pierre*, une école qui se trouve rue du Moulin-Vert, à quinze minutes à peine de la maison.

Dès mon arrivée dans cette institution, je comprends une fois de plus que je ne suis pas le bienvenu. Je reconnais la même atmosphère hostile qu'en colonie de vacances.

Ici non plus les enfants n'aiment pas ceux qui sont différents d'eux. On a beau être catholique, ça ne change rien: un étranger demeure un étranger. J'ai beau prouver que je parle déjà un peu le français, c'est loin d'être suffisant pour abattre les barrières. Je suis une menace. La dérision est leur arme favorite. Tout est prétexte à me montrer du doigt. À commencer par mes vêtements. Je porte toujours mon éternelle chemise de soldat américain ainsi qu'un blouson de cuir ayant appartenu à un aviateur yankee mort au combat. Un petit trou témoin, situé sur le côté gauche de la veste, rappelle la fin tragique de son ex-propriétaire. On sait que la balle est entrée par devant mais il faut croire, comme pour le patient de tante Kiss, qu'elle n'est jamais sortie puisque le vêtement ne porte pas d'autres traces. Mes parents ont réussi à camoufler discrètement le trou en y apposant une étoile dorée. Ni vu ni connu. Je porte toujours des souliers trop petits avec d'énormes cavités ornant mes semelles. Quand il pleut, j'ai les pieds complètement mouillés. À de rares exceptions près, les garçons me considèrent avec morgue et mépris. Je ne leur parle que dans les cas d'extrême nécessité et, dans ces moments-là, je deviens de plus en plus mono-syllabique.

Dans la classe, on m'assigne une place au fond de la salle en compagnie des plus grands. Pas de danger que l'on obstrue la vue aux plus petits. Je suis assis à côté d'un des plus étranges phénomènes qu'il m'ait été donné de rencontrer. Il parle, gesticule sans arrêt, n'écoute jamais l'institutrice et, dès qu'elle a le dos tourné, s'adonne à son sport favori: le tir à l'élastique. Mon compagnon est un tireur d'élite de toute première catégorie. Comme il tient à conserver son titre de recordman de l'école, il n'a pas une minute à perdre. Il s'exerce sans arrêt en tirant sur tout ce qui bouge et de préférence sur ce qui ne bouge pas, c'est-à-dire l'arrière des têtes de ses copains. Dès que ceux-ci ont été atteints par l'un de ses projectiles, ils se frottent le crâne et ne se donnent pas la peine de découvrir l'identité de leur assaillant.

Notre maîtresse est toute menue. Elle a des yeux noirs et un regard vif. Elle n'est plus très jeune. Elle s'appelle Mademoi-selle Bruyère, mais entre eux les élèves la surnomment «La Mémé». Quand on s'adresse à elle on dit plutôt «Mamzelle».

Sur les autres garçons, il n'y a pas grand-chose à dire sinon qu'ils se ressemblent tous. Ils sont plutôt petits de taille, portent des culottes courtes et la majorité d'entre eux ont des cheveux châtains ou bruns. Le seul garçon qui porte un pantalon dans la classe est un dénommé Clavert. L'androïde est verdâtre et sans âge. Son allure est bizarre. Son visage de gnôme semble taillé avec une hache ébréchée. Mais ce qui agace le plus ses voisins immédiats (qui prétendent que Clavert est le chouchou de Mamzelle), c'est qu'il se dégage autour de lui une intolérable odeur de pipi. Le vilain cerne qui orne son pantalon laisse penser que le malheureux souffre d'incontinence. D'ailleurs, il demande sans cesse la permission d'aller au «p'tit coin», ce qu'on ne lui refuse jamais. Mais il y a un autre problème chez Clavert, c'est l'activité manuelle à laquelle l'étrange phénomène s'adonne avec application plusieurs fois par jour: il a constamment une main dans sa poche, qu'il agite vigoureusement et sans arrêt.

Son voisin, qui partage son banc, ne peut plus le supporter. Il trouve que Clavert dépasse les bornes, ce qui force l'infortuné élève, un certain Sonnard, à se plaindre en haut lieu:

— Mamzelle, Mamzelle, j'en ai marre, crie-t-il excédé, Clavert se secoue tout le temps. Y r'mue la table, j'peux pas écrire. Il est malade ce mec-là... Pouvez pas y dire qu'il s'arrête un peu?

Mamzelle ne dit pas un mot. Elle fronce les sourcils et lance un regard réprobateur en direction de son protégé. Aussitôt que celui-ci la voit grimacer, c'est automatique, il retire la main de sa poche... jusqu'à la prochaine fois. Et alors, le cirque recommence:

— Mamzelle, Mamzelle... Y s'astique encore sa merguez. Dites-lui d'arrêter!

— Ça suffit comme ça! réplique-t-elle fâchée en s'adressant au «cafteur». Vous êtes un grossier personnage! Si vous continuez, vous serez puni! Est-ce compris ou faut-il que j'en parle à vos parents?

Quelle injustice. Le plaignant n'a plus aucun recours. Il lui reste la haine. Une haine qui ne dérange pas l'abominable Clavert.

Règle générale, quand nous allons en récréation, Clavert reste en classe. Il ne parle qu'avec Mamzelle, auprès de laquelle il semble jouir d'un statut particulier. Une fois pourtant, il ose une sortie dans la cour. Je ne sais pas pourquoi, mais j'ai envie de lui parler. Cependant, dès que je fais un pas pour l'approcher, Clavert se sauve. Cette fois pourtant, il ne peut pas aller bien loin. Au fond de la cour, il y a un mur de briques et, quand la cloche sonnera, il sera obligé de repasser devant moi. À ce moment précis, je lui barre la route avec l'idée de l'apprivoiser. Puisqu'il est détesté de tous, comme moi, nous pourrions peut-être devenir amis. Moi, son odeur ne me gêne pas. J'ai senti pire. Je donne à ma voix des inflexions veloutées de charmeur de serpents en lui disant:

— Toi, ça va, Clavert?

D'un simple cillement d'yeux, il écarte ma proposition.

J'insiste:

— Clavert, ça va, toi?

Posée à l'envers, la question ne produit pas plus d'effet. Pourtant, avant de s'éclipser derrière la porte de la classe, je vois Clavert se retourner. Il me regarde avec une haine inexpiable, sort sa langue et, dans un glapissement de chouette, marmonne des mots que je n'arrive absolument pas à traduire. Tant pis. On ne m'y reprendra plus.

Pour bien commencer l'année scolaire, Mamzelle demande à chacun de nous de venir au tableau, se présenter et raconter à toute la classe ce que nous avons fait durant nos vacances.

Quand mon tour arrive, l'épreuve me paraît insurmontable. C'est un véritable cataclysme. Je ne vois que du noir, je bafouille, je cherche mes mots, et rien de cohérent ne parvient à sortir de ma bouche. Je me sens complètement ridicule. Mon infructueuse tentative soulève aussitôt la risée générale. On ne va pas rater une occasion pareille pour rigoler un coup. Toute la classe se tirebouchonne en chœur. Du fond de la pièce, mon tireur d'élite en profite pour m'envoyer un puissant projectile dans l'œil.

«Touché!» lance quelqu'un triomphant. Bien joué champion. Oui, tu m'as touché! Et pas seulement à l'œil... Je suis un animal sauvage pas encore apprivoisé, mais déjà blessé. Pour eux, ma mort ne saurait tarder. Plutôt que de prendre ma défense, tout le monde se met à applaudir pendant que, victorieux, le champion toutes catégories, qui répond au patronyme de Tribout, se laisse aller à un rire gras.

— Silence! crie Mamzelle dans une infructueuse tentative de rétablir l'ordre dans la classe. Silence! *Je veux entendre une mouche voler!* Vous m'avez compris?

— Ouiiiii, Maaamzeeelle! répondent-ils à l'unisson.

Je ne saisis pas exactement ce qu'elle veut dire. Pourquoi, soudain, cette petite femme sent-elle la nécessité d'entendre *une mouche voler*? Décidément la vie est pleine de mystères. Ça m'en fait un de plus.

— Prenez tous vos cahiers neufs, poursuit Mamzelle. Nous allons faire une dictée.

Le virtuose de l'élastique est désolé. Il est dans l'obligation d'échanger son arme favorite contre une plume sergent-major.

— Alors, tout le monde est prêt? Je commence. Vous verrez, je vous en ai choisi une pas trop difficile.

D'habitude, je parviens à saisir le sens d'une phrase sur deux mais, cette fois, les mots me sont totalement incompréhensibles. Je sais d'avance que ma dictée sera une catastrophe et que j'aurais à affronter, une fois de plus, les sarcasmes de mes copains. Charité chrétienne oblige!

La dictée est terminée. Pas trop longue, elle s'étale sur moins d'une page de mon cahier quadrillé.

Mamzelle nous explique que nous aurons à la corriger nous-mêmes et qu'à chaque fois que nous trouverons une faute nous devrons mettre «un point» dans la marge. Je traduis aussitôt ce mot en lituanien: «taskas», ce qui veut dire un signe, extrêmement pointu et petit. À la fin de la correction, le côté gauche de ma feuille est criblé de minuscules petits points, tout comme si elle avait été mitraillée. À la vue de la feuille transformée en véritable passoire mon voisin, Bardin, ne tient plus en place.

— Mais qu'est-ce que t'es con, mec, me dit-il sans ménagement en montrant sa feuille remplie, elle, de petites barres verticales. Un point, c'est pas ça! Un point, c'est ÇA! Pauvre cloche!

Ébahi, je commence à comprendre maintenant qu'en français un mot peut avoir plusieurs sens. On n'a pas idée d'avoir un vocabulaire aussi limité.

Mamzelle fait lever chacun à tour de rôle pour qu'il puisse annoncer son score à toute la classe.

— Huit!

— Douze!

— Quatre!

— Quatorze!

Je compte mes innombrables perforations. J'en ai exactement 102!

— Et toi, le grand, au fond là-bas. Combien as-tu fait de fautes?

Je voudrais bien lui répondre, mais j'ignore comment on dit 102 en français. Mon aimable voisin prend le relais et annonce, avec une joie qu'il a peine à contenir:

— Il en a 102, Mamzelle, 102! Je vous jure que c'est vrai!

Je mérite, comme de bien entendu, une note infamante.

C'était prévisible. Comme une maladie contagieuse, un haussement d'épaules général rempli de dédain se propage dans la classe. Pour les encouragements, on repassera. Tout le monde s'écroule. J'ai l'impression d'être un Martien en mission subversive dans une école privée (de charité)... et catholique par surcroît. Merci les amis. Merci beaucoup. Ça fait plaisir!

À partir de ce moment précis, je comprends que dans ce monde il y a deux sortes de guerres: une que l'on fait avec des armes, et l'autre que l'on pratique grâce à la ruse, la méchanceté, le mépris. Quand on ne peut pas lutter à armes égales, il ne reste qu'une solution: se condamner au mutisme le plus complet. C'est précisément l'attitude que je décide d'adopter. Durant les récréations, je me réfugie donc discrètement dans un coin de la cour d'école et j'attends avec impatience le son libérateur de la cloche annonçant le retour en classe. J'échappe totalement ainsi à tout ce qui m'environne. Quand l'école est finie, je rentre à la maison au pas de course afin de ne pas avoir à affronter l'ennemi. Au fond de moi, j'ai espoir que ça ne va pas durer trop longtemps. Je souhaite que mon passage à cette école ne soit qu'une transition. Puisse-t-il en être ainsi de ce pays qui me paraît de plus en plus hostile.

Durant les «récrés», je me réfugie dans ma thébaïde d'où j'observe à mon aise les écoliers s'amuser entre eux. J'ai l'impression que, dans cette cour, l'humanité toute entière défile devant moi sans me remarquer. Eux sont joyeux, grisés de plaisir. Moi, je suis dans mon coin, seul et triste. Je garde les yeux baissés toujours sous la même honte mystérieuse qui m'écrase. Je sais que je serai seul demain, après-demain et les jours suivants. Sans doute suis-je condamné à être seul toute ma vie. Seul comme personne n'est seul. Il ne me reste rien d'autre à faire que d'accepter ma solitude. Avec un peu de pratique, je comprends que je finirai par y exceller et peut-être même à y trouver de la joie. Si, même en dehors des camps de concentration, la vie est un combat, ce combat je le mènerai SEUL.

La solitude a beaucoup de bon. L'oncle Buquet n'est-il pas seul, lui aussi? N'est-ce pas grâce à cet isolement qu'il a pu créer tout ce qu'il a réussi à créer? S'il le faut, moi aussi je me trouverai des petites souris pour me tenir compagnie...

Au bout de deux semaines, je remarque dans la cour, non loin de mon refuge habituel, un garçon solitaire qui ne semble pas trop se mêler aux autres. Légèrement voûté, il a constamment la tête baissé comme s'il avait perdu quelque chose ou qu'il était chargé d'une mission d'une extrême importance, celle d'examiner le sol. Il ne semble pas avoir d'amis, lui non plus. Je m'étonne de ne pas l'avoir remarqué avant ce jour. Il porte comme moi une veste de cuir. Quand mon regard croise le sien, il me sourit. Son sourire est timide mais franc.

Une vague curiosité m'attire vers lui. Je m'approche et risque une question:

— Comment tu t'appelles?

Il se redresse et dit:

— Jean-Louis. Jean Louis Morgin... Puis se reprend aussitôt:

Jean-Louis Morgan, oui c'est ça, MORGAN!

Il prononce ses noms avec une ampleur mélodieuse. La magie est instantanée. Il a deux noms et ne sait trop lequel choisir. Il serait donc un peu comme moi. Parfois je dis Stankevicius et, quand je veux éviter qu'on me le fasse répéter (ou que l'on dise «Hein, quoi t'as dit *vicieux*?») je le coupe en deux et dis tout simplement «Stanké». Le problème des noms, c'est le lot de notre famille. Depuis que j'ai quitté mon pays, jamais plus on ne m'appelle Aloyzas, mon vrai prénom. Pour simplifier les choses — pour les autres — , je me prénomme désormais Alex. Je m'y habituerai sans doute comme au reste. J'imagine que mon oncle, le frère de mon père, le caricaturiste qui vivait à Marseille, a connu les mêmes tourments, car il s'est rebaptisé Stonkus.

Pour l'heure, ce qui importe, c'est ma nouvelle rencontre. Ce Morgin-Morgan, je sens que je pourrais être son ami. Jean-Louis a peut-être autant besoin de moi que j'ai besoin de lui pour survivre dans cet impitoyable enfer. Retrouver dans une amitié naissante une nouvelle enfance à prolonger, quel bonheur! Sans oser me l'avouer, j'attendais désespérément quelqu'un comme lui...

Ce chat à l'air traqué me plaît. Peut-être aussi parce qu'il traîne, tout comme moi, les séquelles d'une guerre qui a décimé ses proches ou les a ruinés. Il sait donc ce que souffrir veut dire. J'ai le pressentiment que nous pourrions être deux alliés. Deux camarades. Des vrais. Deux contre tous les autres. Dans cette amitié qui commence se mêle quelque chose de doux, de réconfortant.

Je sais que plus tard, beaucoup plus tard, quand nous serons des adultes, je garderai le souvenir cher et attendri de nos premières causeries par lesquelles nous aurons découvert nos âmes. Quel beau souvenir que cette première confiance mutuelle! Ouvrir son cœur à quelqu'un qui n'hésite pas à vous ouvrir le sien. Alors, ouvrons.

Lui ne le sait pas encore sans doute, mais mon intuition ne peut pas se tromper. Oui, je sais que je serai toujours là pour lui parce qu'il aura été mon PREMIER AMI DE FRANCE!

Curieuse et timide, Mamzelle fait des tentatives pour me parler. Soudainement, elle décide qu'elle devrait tout savoir sur moi. Sa sollicitude m'étonne mais ne me touche pas. Elle a beau me questionner, je lui fais comprendre que je ne suis pas porté à raconter ma vie. Pour tout dire, j'aimerais mieux qu'elle en sache le moins possible sur mon passé. Je ne suis pas Français, je viens d'un lointain pays qui s'appelle Lituanie, un point, c'est tout! Non, pas «l'Italie», «LITUANIE»! Apprenez votre géographie! Et puis sachez que je ne suis ici que de passage. Pour combien de temps? Je l'ignore. Ça ne dépend pas de moi!

— Ça ne doit pas être facile pour tes parents, dit-elle un jour à la récréation. Ils ont sûrement tout perdu?

— Oui, tout perdu! Tout ce qu'on avait... lui dis-je en espérant qu'elle ne poursuivra pas son interrogatoire.

Même à travers le voile de la langue française, qui m'est encore très étrangère, je comprends que l'institutrice aimerait me faire parler de mon passé. Mais chaque fois qu'elle m'interroge sur ce sujet, j'esquive ses questions par d'anodines remarques en noyant imperceptiblement son désir d'en connaître davantage. Je regrette, Mamzelle, mais mon passé m'appartient. Je n'ai que faire de votre pitié! Je ne sais pas comment vous l'exprimer, mais si vous aviez un peu de sensibilité, vous devriez le savoir.

— Ça ressemble à quoi au juste, la langue lituanienne? me demande-t-elle un jour. J'aimerais que tu me dises quelques mots, veux-tu?

— Vous dire quoi?

Elle réfléchit un moment et passe sa commande:

— Tiens, je sais: pourrais-tu me réciter le *Je vous salue Marie* en lituanien? Ça me donnerait une bonne idée de la langue...

L'exercice auquel je vais me livrer mérite d'être conté tant il tient de l'absurde. Sachant qu'il n'est pas recommandé de rouler les «r» si on ne veut pas passer pour un «plouc» et faire rire de soi, mais étant dans l'incapacité de prononcer cette lettre à la manière française, c'est-à-dire en grasseyant, j'adopte une troisième solution: celle de réciter l'*Ave Maria* en supprimant systématiquement tous les «r». La manœuvre est périlleuse, mais donne des résultats surprenants. Si on devait le faire en français, la prière sonnerait comme suit:

Je vous salue Maoui pleine de gouace

Le seigneu est avec vous...[...]

Le foui de vos entouailles est béni... , etc.

La Mémé m'écoute, médusée. Elle trouve ma langue maternelle d'une grande beauté.

— C'est chantant. Et les mots me paraissent très doux, remarque-t-elle. On dirait qu'ils ne comportent pas de «r»... Est-ce que je me trompe?

Je souhaite qu'elle ne rencontre jamais de Lituanien sur sa route... Sans quoi elle risque d'avoir une surprise!

À la maison, tout s'organise comme si nous allions rester en France en permanence. Mon père vient de se trouver un emploi comme ingénieur radio. Il a été embauché par une usine de Levallois, tout près du champ de courses qui fut notre premier refuge en terre de France. J'imagine qu'il est heureux. Avec lui, on ne peut jamais le savoir parfaitement, car il ne critique pas, ne se plaint jamais. Blâmer, dénigrer, critiquer ou juger ne font pas partie de sa nature.

— Si ça peut changer les choses, alors c'est bien, critiquons! dit-il. Mais si ça ne change rien, c'est du temps perdu!

Pourtant, il me semble que, parfois, il aurait toutes les raisons du monde de se sentir outragé. C'est d'ailleurs l'avis de ma mère quand elle prend connaissance de la petite note accompagnant la première feuille de paie de mon père. Elle bout d'une indignation d'autant plus vive qu'elle se sent obligée de la contenir. Après une série de chiffres indiquant le montant de francs qu'il a gagnés, il y a une phrase difficile à admettre pour quiconque croit à l'idyllique devise: LIBERTÉ–ÉGALITÉ–FRATERNITÉ.

Cette phrase, écrite à la main avec application, ou peut-être même avec une certaine jouissance, qui sait? dit: «ÉTRANGER: 50%».

Pas besoin d'être un génie pour comprendre que bien qu'il accomplisse le même travail que ses collègues français et bien qu'il y consacre le même nombre d'heures qu'eux, son traitement est réduit de moitié pour la simple raison qu'il est ÉTRANGER! Le pire, c'est que mon père a été formé dans l'une de ces prestigieuses «grandes écoles» françaises d'ingénieurs et qu'il parle un français des plus châtiés, sans la moindre trace d'accent!

Il est visiblement attristé, mais ne se décourage pas pour autant. Dans pareilles circonstances, il trouve toujours d'excellentes raisons pour ne pas baisser les bras. Ce n'est pas un perdant. Il a le courage des survivants.

— Ce n'est pas grave, dit-il, je sais qu'on est presque sortis du trou. Maintenant il y a de l'espoir! Ce n'est pas parce que l'horizon recule à mesure qu'avance le marin qu'il n'y a pas d'horizon.

Que va-t-il faire pour réparer cette preuve flagrante d'injustice? Il va tout simplement offrir ses services à une école du soir afin d'y enseigner les mathématiques. Son manque à gagner le jour sera comblé par les revenus du soir. Heureusement que l'institution scolaire qu'il a choisie n'applique pas les mêmes principes que son usine de Levallois, sans quoi il lui faudra trouver un troisième emploi de nuit!

Entre-temps, ma mère, excellente couturière, décroche un travail à domicile à la mesure de ses talents. Elle brode des serviettes, des nappes, des blouses et des collets. Comme elle est payée à la pièce, je lui donne un coup de main en enfilant une série d'aiguilles d'avance ce qui lui permet d'épargner beaucoup de temps.

Ces séances nous permettent de bavarder seul à seule. Elle en profite pour m'inculquer le goût des bonnes manières et des devoirs bien faits. Elle me répète sans se lasser que je dois apprendre à ne jamais déranger les gens et à m'excuser sans cesse et de tout. Une fois ses leçons de bienséance terminées, j'ai l'occasion de parler de mes espoirs et de mon avenir, pendant que ma mère me parle, elle, de son passé et de son désespoir. La pauvre femme est toujours tenaillée par l'idée de retourner en Lituanie:

— Ah, si on pouvait revenir chez nous! se plaint-elle. Si on pouvait entendre de nouveau les gens parler notre langue autour de nous. Fouler la terre qui nous a vu naître. Respirer l'air du pays. Manger notre bon pain noir... Est-il possible que toutes les souffrances que nous avons dû endurer n'aient servi à rien?

Ses tourments me scellent les lèvres. Je ne veux pas la contredire, mais, au fond de moi, je refuse de croire que j'ai été stigmatisé par quelque signe de malédiction. Il est bien évident que moi aussi j'aimerais retrouver mon pays natal, mais je n'arrive pas à nier la réalité en refusant de vivre le moment présent. Comme je ne veux pas lui déplaire, la blesser en allant à l'encontre de ce qu'elle pense, je me contente de hocher la tête en signe d'approbation. Au cours de ces tête à tête, chaque détail de ma vie d'autrefois ressurgit dans mon esprit. J'ai le pressentiment maintenant que je ne reverrai plus notre maison de briques rouges, ni l'immense jardin, pas plus que mes amis d'enfance... Certes, la mémoire rappelle le bonheur, mais, pour le moment, mieux vaut trouver le plaisir dans l'oubli. Il faut que j'oublie, à tout prix, que je suis un petit éclopé de la vie et que je me contente de mener une double existence: petit Français crâneur à l'école, et fier de «mes ancêtres les Gaulois», et petit Lituanien à la maison, fidèle à ses racines, et fier de ses ancêtres animistes persuadés que les objets et les animaux ont une âme.

Appréciant mes efforts scolaires et l'aide que j'apporte à ma mère, mes parents décident de me récompenser en m'offrant un petit chien. Je le nomme Tommy, en mémoire de mon chien-loup tué par les soldats russes, en Lituanie. Mon chien est blanc avec, par-ci par-là, quelques taches noires. Quand je reviens de l'école, mon nouveau compagnon ne me quitte jamais. Nous sommes les meilleurs amis du monde.

Ce soir, avant de faire le souper, ma mère me demande d'aller au bistrot, qui se trouve juste en bas de chez nous, et d'acheter un paquet d'allumettes. Sitôt arrivé au troquet, je vois toutes les têtes se tourner vers mon chien. On ne peut pas l'éviter celui-là. Il est beau à croquer, joyeux et plein de vie. Les clients le caressent à tour de rôle en me demandant son nom.

— Tommy, leur dis-je avec fierté.

— Quel âge as-tu, mon bonhomme? me demande un client.

— Onze ans, M'sieu.

— Et ton clébard il a quel âge?

— Il a UN Z'AN!

L'homme a les yeux révulsés d'étonnement. On croirait que j'ai dit une énormité.

— Il a UN QUOI? reprend-il pour être sûr d'avoir bien entendu.

— Il n'est pas vieux, il a juste un Z'AN mon chien! un Z'AN! Vous ne comprenez pas le français? J'ai onze z'ans, et lui il a UN Z'AN! C'est clair, non?

Pour mieux me faire comprendre, je lève mon index bien droit, comme la tour Eiffel, et le promène devant le nez de l'homme, toujours ébahi.

Tous les habitués du bistrot assistent à la scène du petit gars qui ne sait pas parler français. Quelle belle occasion pour se payer sa tête! Ça reprend de plus belle. On se moque de moi, on rit d'un rire graillonneux, excessif.

Rouge de honte, je me sauve à toutes jambes emportant mon Tommy dans les bras. Je suis humilié. Ce soir, je ne mangerai pas. J'ai trop mal. Je me couche défait. Je suis heureux de retrouver mon oreiller. J'y enfonce mon visage en fermant les yeux. La douceur du tissu contre ma joue m'aide à trouver le sommeil qui va me faire oublier les affronts des hommes. Voyant que j'avais du chagrin, ma mère autorise *Tommy-un-z'an* à coucher dans mon lit.

Les insultes et les humiliations ajoutées les unes aux autres me forcent à réagir. Au tréfonds de moi-même, avec la minutie mécanique qui caractérise mes moments de découragement, je cherche des idées de vengeance. Quelle serait la meilleure vengeance pour répondre aux sarcasmes de ceux qui ne m'aiment pas, qui ne m'acceptent pas? Et quand je crois avoir trouvé la solution à mes maux, une griserie de confiance envahit tout mon être.

J'ai trouvé! Oui, j'ai trouvé! À cet instant même, je jure que je mettrai toutes mes forces, toute l'énergie qu'il faudra pour apprendre le français de manière à le parler aussi bien et, si possible, encore mieux que les Français eux-mêmes! Je suis nourri du désir d'être le meilleur, de dépasser, de surpasser les autres. Ça sera ça, ma vengeance! Dans ma tête, je formule une réplique qui — bien que je ne la sente pas parfaitement correcte — décrit bien mon état d'esprit: «Je parlerai plus mieux française que vous et je vous merdrai tous!»

cha**I**itre

... comme dans IMPOSSIBLE

Quand c'est IMPOSSIBLE,
c'est plus long.
Donald Westlake

Nous avions entendu beaucoup parler de Monsieur Paul, mais nous ne l'avions encore jamais rencontré. Monsieur Paul, c'est l'ami (l'autre) de tante Kiss. Il n'est pas grand et il tout en rondeur. Son visage est large et raviné. Ses sourcils broussailleux. Son abondante végétation pileuse lui donne un air dominateur. Il porte constamment, comme l'oncle Buquet, un béret bleu sur la tête. A cette exception près que le sien est beaucoup plus grand et tout neuf. Monsieur Paul sent l'alcool et la cigarette. Pour lui, la cigarette c'est comme le béret. Il ne peut pas vivre sans. Le béret couvre sa tête, et la cendre, qui neige inlassablement de sa cigarette de papier maïs en équilibre instable sur sa lèvre inférieure, recouvre en permanence le revers de sa veste. Ce revers n'a d'ailleurs plus la même couleur que le reste du vêtement. Monsieur Paul fume comme une cheminée. Une cigarette n'attend pas l'autre. Ses mégots sont tellement collés à sa lèvre que lorsqu'il décide de s'en séparer — avec un regret qui doit lui fendre le cœur —, on a l'impression qu'il arrache un lambeau de sa peau. Corseté dans sa petite taille, il se comporte comme un homme important et très sûr de lui. Il est bavard, joyeux et généreux, Monsieur Paul. Il peut monologuer des heures durant sans attendre la moindre réaction, la moindre réponse des autres. Les questions comme les réponses, il est assez doué et indépendant pour se les confectionner lui-même. C'est sans doute sa manière à lui d'éviter tout conflit.

Il est tout, sauf mesquin. Quand il nous rend visite, ce n'est jamais les mains vides. Ses présents se composent toujours d'articles qui peuvent être mangés ou bus, car il adore boire et manger... en notre compagnie.

— Tiens, je vous ai apporté un petit quelque chose, dit-il en tendant ses présents.

Lors de la première visite de Monsieur Paul, ma mère, qui l'a remercié avec beaucoup d'empressement, n'avait pourtant pas du tout apprécié ses délicatesses. Ce jour-là, dans son cabas, Monsieur Paul avait mis des huîtres, des escargots et des cuisses de grenouilles auxquels il a eu la malencontreuse idée d'ajouter une généreuse portion de rôti de cheval. Exactement tout ce qu'on ne mange pas en Lituanie. Seul mon père, qui a longtemps vécu en France, apprécie les cadeaux de Monsieur Paul à qui il verse en signe de reconnaissance des rasades de monbazillac à la limite de la dose raisonnable.

Lorsque Monsieur Paul s'adresse à moi, j'ai beau lui expliquer que je ne saisis pas ses propos, il persiste à me parler comme si je le comprenais. Il vit assurément dans un monde bien à part, Monsieur Paul.

Dès que j'ai une minute de libre, je suis absorbé dans mon étude du français. Je me suis fait une promesse, je dois de la tenir! Quand j'ai atteint ma limite, que je suis épuisé, il m'arrive de vouloir tout abandonner. Pourtant, dès que je repense à la méchanceté de mes petits copains, à leurs moqueries, le courage me revient comme par miracle. «Non, me dis-je, je ne baisserai pas les bras! Il faut que j'arrive à apprivoiser cette langue comme si elle était mienne. Un jour, je les ferai pâlir d'envie. Ils seront de la couleur de la craie!»

Je ne joue ni aux osselets ni aux billes. Je ne m'intéresse pas non plus aux timbres poste qui passionnent mon frère. Moi, mon but c'est d'apprendre le français! J'apprends des mots, plein de mots, encore des mots. Toujours nouveaux. Je les transcris méticuleusement dans un petit calepin vert dont je ne me sépare jamais. À travers mes leçons personnelles, il me semble que je découvre en moi une nouvelle sensibilité, une passion pour les mots. En les examinant dans mon petit carnet, je sens leur couleur, leur sonorité, leur rythme. Il ne restera plus qu'à les agencer, construire des phrases et commencer à les utiliser. Mon père, qui adore la langue française, est ravi. Il m'enseigne l'essentiel: l'orthographe, les accords, la conjugaison et la prononciation. Pour lui, c'est facile. Il parle mieux le français que le lituanien. En dehors de cette préoccupation, tout le reste me paraît dérisoire. Tout peut attendre!

En réfléchissant sur ce qui sera désormais ma cinquième langue, je constate que les nouveaux vocables ne s'installent pas dans ma cervelle comme lorsque, tout petit, j'apprenais mes premiers mots.

Le mot «duona»[5], je l'ai appris en mordant pour la première fois dans ma vie dans un morceau de pain. Ce mot aura toujours pour moi le goût du pain. Il en sera ainsi de bien d'autres. Les premiers désirs de mon corps resteront à jamais liés à ces sons. Ce sont des mots que j'ai appris avec mes viscères et non pas avec mon cerveau. Sans effort, je n'y arriverai pas. Je constate ainsi que les mots qui sont associés à des expériences ou a des saveurs nouvelles s'incrustent en moi avec plus de facilité.

«Huîtres», «patins à roulettes», «billes», «osselets» ou «endives» sont de la catégorie de mots inusités qui transportent en eux des saveurs ou des sensations réellement nouvelles.

— Te rends-tu compte, me dit un jour mon père, que tout en apprenant ta cinquième langue tu apprends aussi une sixième: l'argot!

C'est que, parfaitement à l'aise dans les deux modes d'expression propres aux Parisiens, mon intellectuel de père, qui apprécie ma détermination, m'enseigne aussi la langue verte, la langue du milieu.

---

5 Pain, en lituanien.

À côté des mots usuels, j'ajoute donc une série d'autres mots que je ne dois surtout jamais employer en parlant à Mamzelle ou à un adulte, au risque de passer pour un malappris. La règle du jeu est simple: l'argot sert à éviter de paraître différent des autres garçons lorsque je suis en leur compagnie.

Je suis étonné de constater par ailleurs que, dans le «bon français», il n'y a que deux mots pour désigner ce qui me sert à me couvrir les pieds: «chaussures» et «souliers» (je ne parle pas des différents types). En argot, cependant, j'ai l'embarras du choix: «godasses», «pompes», «grolles», «écrase-merdes», «savates», «tatanes», «lattes», «ribouis», «croquenots», et je dois sûrement en oublier.

Mon père, toujours très conscient de l'utilité de connaître plusieurs langues, dit:

— Quand on maîtrise la langue du pays que l'on visite, on ne se sent jamais un étranger! Plus tu en parleras, mieux tu pourras te débrouiller dans le monde et mieux tu les parleras, plus facilement tu seras accepté par les autres!

Lorsque je suis avec ma mère, la langue que j'utilise le plus souvent est le lituanien. Mais il nous arrive aussi parfois de converser en russe ou en polonais, histoire de ne pas les oublier. Avec mon père, c'est parfois l'allemand (on ne sait jamais, s'il fallait qu'il y ait une autre guerre!) et le français, doublé de l'argot.

Quand il est seul et qu'il lui reste un peu de temps (entre son travail d'ingénieur et celui de professeur de mathématiques), mon père est plongé dans ses livres ou dans des cours d'espéranto. Il est incroyable, il s'est mis en tête d'apprendre cette nouvelle langue internationale, qui représente pour lui l'idéal linguistique. Il prétend que c'est la langue de l'avenir. Il est convaincu que le jour où tous les habitants de la terre pourront communiquer entre eux dans la même langue, qu'ils auront apprise en plus de leur langue maternelle, les peuples pourront enfin communiquer et éviter les malentendus, les conflits et les guerres!

À vos souhaits!

Certaines bizarreries de la langue française me rendent la vie compliquée. Comment diable saurai-je écrire le mot « eau » sans me tromper quand ce mot peut s'épeler d'une dizaine de manières différentes: «Ô», «oh», «os», «eaux», «au», «aux», «ho», «haut»... et j'en passe sûrement.

Quand je maîtriserai mieux la langue, je découvrirai sans doute des avantages insoupçonnés à cette particularité qui, pour le moment, me paraît plutôt déroutante. Et, pendant que je tente de résoudre l'énorme problème (Hénaurme, et-norme, eh-norme, est-norme, haine-orme? Et puis merde...), je vois mon frère, une pincette à la main, triant paisiblement sa collection de timbres. J'envie son insouciance, son détachement. Lui, il l'a trouvée, la solution. Il parle le français en roulant les «r» et ceux qui ne sont pas contents c'est leur affaire, pas la sienne. Les sarcasmes des autres glissent sur lui comme l'eau sur le dos d'un canard. Rien ne saurait le contrarier. Un sacré Loulou, mon frère... Loulou. Nous sommes assurément bien différents.

Mon acharnement à apprendre le français est tel que je finis par ressembler à un véritable robot. Sur le chemin de l'école, que je parcours généralement quatre fois par jour en compagnie de mon ami Jean-Louis, je repère les panneaux et les affiches en essayant de retenir leurs textes. Tel un buvard, j'absorbe sans limite tout ce qui croise mon regard et qui est français. De son côté, Jean-Louis a la gentillesse de corriger ma prononciation, sans jamais se moquer de moi. Il est né à Paris d'une mère française et d'un père venu de Hongrie, le royaume des gitans. Mes parents l'aiment beaucoup. Témoins de l'amitié qu'il me porte, ils l'adoptent comme leur troisième fils en lui donnant affectueusement le sobriquet de «*Cigonas*». Dans notre langue ce mot signifie «tzigane». Jean-Louis ne déteste pas son surnom, symbole de la tendresse que lui portent mon père et ma mère. Il a le respect des origines de son père, et *Cigonas* semble correspondre parfaitement à ce qu'il est, c'est-à-dire bohême, indépendant, romantique et solitaire. Quand nous sommes tous les deux, il lui arrive de jouer de l'harmonica et non du violon, l'instrument de prédilection du pays magyar. Il paraît qu'il tient ce talent de son père qui, comme la plupart des Hongrois, ont la musique dans l'âme. J'admire ses improvisations musicales.

Nous n'avons pas encore les moyens de nous payer un poste de radio. La T. S. F., c'est pour les riches. Nous l'aurons sûrement plus tard. Ça ne m'empêche pas d'écouter quelques programmes pour autant. En attendant le grand jour, mon père, toujours aussi ingénieux, vient de nous fabriquer un poste à galène, qui fonctionne grâce à une petite pierre, composée de sulfate de plomb naturel. J'ignore par quel miracle ce petit bout de cristal parvient à détecter les ondes magiques, mais le système marche à merveille avec l'imbattable avantage de ne consommer aucune énergie électrique.

Notre poste à galène me permet de me familiariser encore davantage avec la langue de ma nouvelle patrie. J'écoute, sans me lasser, les émissions de radio truffées d'annonces publicitaires. En peu de temps, je suis capable de chanter les réclames les plus populaires:

«Dop, Dop, Dop, adoptez le shampoing Dop!»

«Bien l'bonjour M'sieu Lévitan, vous avez des meubles, vous avez des meubles. Bien l'bonjour M'sieu Lévitan, vous avez des meubles qui durent longtemps! »

«Haleine fraîche, haleine parfumée, une chance de plus, pour être aimé. Colgate, Colgate... rend le sourire éclatant ....»

Un jour, je décide d'emporter le poste à galène à l'école. Un peu pour l'écouter à la récréation et beaucoup, sans doute, pour faire de l'esbroufe.

La réaction est instantanée. En un rien de temps, tout le monde se regroupe autour de moi et m'implore de laisser écouter:

— Juste une minute, pas plus qu'une minute. Allez, ne sois pas vache!

Je choisis un garçon au hasard et, magnanime, condescends à lui faire entendre ma petite merveille le temps de compter jusqu'à... dix!

Sur ces entrefaites, je vois arriver mon voisin, Monsieur élastique, le tireur d'élite. Remarquant l'attroupement autour de moi, il se sent frustré de ne plus être le centre d'intérêt de la classe:

— Qu'est-ce qu'il y a les mecs? interroge-t-il nerveusement les curieux penchés avec convoitise sur cette innovation radiophonique, totalement inconnue de la plupart d'entre eux.

— Ça? lui répond Jean-Louis, c'est le poste à galène!

— Le poste à... Galène? reprend le champion. J'le connais pas. Dans quelle classe qu'il est, l'mec Galène?

Satisfaits de mes succès scolaires et de mon inlassable intérêt pour apprendre ma nouvelle langue, mes parents m'offrent une paire de patins à roulettes. Ils ne sont pas neufs mais... N'empêche qu'ils roulent quand même!

— Ça va te faire du bien, prétendent-ils. Tu as besoin de faire du sport. Les petits cours de gymnastique qu'on te donne à l'école sont loin d'être suffisants pour un garçon en croissance!

Je ne me sens pas l'âme d'un sportif. J'ai beau protester, rien n'y fait. Tous les jours, en rentrant de l'école, je suis condamné à aller faire une heure de patin. Quand la concierge (la *pipelette* ou la *bignole*, en argot) me voit quitter la maison muni de mon nouveau dispositif qui a toutes les misères du monde à tenir amarré à mes vieux souliers usés (et toujours trop petits pour moi), elle se met de la partie:

— N'en fais surtout pas sur l'avenue d'Orléans, me conseille-t-elle. Ici il y a trop de monde. Va plutôt sur l'avenue située juste derrière l'immeuble. Il y a là un trottoir en plein centre qui conduit droit au parc Montsouris.

Sa suggestion est excellente, d'autant que le trajet qu'elle m'indique est généralement désert. Pas de danger par conséquent que je me heurte aux passants. En m'initiant à ce nouveau sport, je découvre un ennui majeur que je n'avais pas prévu. Contrairement aux autos, aux motos et aux vélos, les patins ne sont pas pourvus de freins et, pour atteindre le parc Montsouris, en partant de Denfert, il y a précisément quatre grandes rues transversales face auxquelles je ne peux pas faire autrement que d'arrêter ma course, du moins si je ne veux pas me faire écraser. La vérité est crue: je sais parfaitement *quand* arrêter. Ce que je ne sais pas, c'est *comment* arrêter!

Je pressens d'ailleurs intuitivement que mon comportement sur roulettes finira par être, plus tard, la parfaite illustration d'une particularité de mon caractère. Nul n'est parfait.

Mes compétitions de patins à roulettes — que je fais contre moi-même — ne font pas nécessairement de bien à mes genoux qui, depuis que je pratique ce divertissement, sont devenues de véritables plaies sanguinolentes.

— Il est bien évident que si tu avais des pantalons longs, ça te protègerait mieux, dit ma mère.

Malheureusement, je n'ai pas encore l'âge d'en porter et mes parents n'ont toujours pas les moyens de m'en acheter. Face à cette réalité, il ne me reste qu'à chanter la chanson la plus populaire de l'heure, celle que j'ai entendue pour la première fois chez la tante Suzanne:

«J'attendrai, le jour et la nuit, j'attendrai toujours... ton retour»

Trois mois avant la fin de l'année scolaire, je suis désigné enfant de chœur. La nomination — qui est considérée comme un grand privilège à l'école — me laisse totalement indifférent. Mon père, lui, trouve que cet honneur va rejaillir sur toute la famille, sans compter toutes les indulgences que j'accumulerai au ciel...

— Te rends-tu compte, me sermonne-t-il, tu vas servir la messe dans la grande église Saint-Pierre de Montrouge. Toi, mon fils: un enfant de chœur!

Ma mère reste perplexe. Je ne comprends d'ailleurs jamais très bien ses réactions en matière de religion. Parfois, je la trouve très fétichiste. Les croix, les médailles ont pour elle une importance démesurée et un pouvoir dont, dans ma petite tête de futur enfant de chœur, je doute beaucoup. Dans les circonstances, elle trouve qu'un enfant de mon âge, et surtout dans mon état encore fragile, ne doit jamais se lever trop tôt afin de profiter au maximum de l'énergie irremplaçable que procure une longue nuit de son sommeil. Elle croit qu'il est normal pour un enfant de confesser ses péchés, mais trouve absurde qu'il doive jeûner avant de communier. Je suis sûr que si elle avait la chance de rencontrer le pape en personne, elle saurait lui faire entendre raison sur cette épineuse question.

— Prendre un bon petit déjeuner avant de quitter la maison, c'est crucial pour la santé d'un adolescent. L'empêcher de manger le matin sous prétexte que le bon Dieu préfère le voir affamé que rassasié est une absurdité!

Elle est drôle, ma mère. Ce même bon Dieu, qui semble être un grand copain à elle, lui sert pourtant souvent de bouclier. Quand elle a besoin de son secours, elle ne se gêne pas pour l'appeler à sa rescousse:

— Si tu ne veux pas obéir, faire ceci ou cela, dit-elle d'un air affligé, tu sais que tu vas faire de la peine à ta mère. Ça encore, ce n'est pas grave. Ce qui est grave, c'est que tu vas faire beaucoup, beaucoup de peine au petit Jésus! Alors, à toi de choisir.

Dans pareilles circonstances, la décision est prévisible.

Pour le moment, il faut penser à ma première expérience en tant que servant de messe, qui aura lieu le premier vendredi du mois, à sept heures du matin! Autrement dit: à l'aube.

Ce matin-là, l'église Saint-Pierre est déserte. Seules trois ou quatre vieilles bigotes sont là dans l'espoir, sans doute, de se bien faire voir du curé ou du bon Dieu lui-même qui, à cause de leur grand courage, devrait leur accorder des indulgences dont les autres impies (encore vautrées dans leurs lits) seront normalement privées.

— C'est toi qui as la charge des clochettes, me dit le curé dans la sacristie en revêtant ses habits sacerdotaux.

Je n'ose pas lui confesser que j'en suis à ma toute première expérience. J'accepte la charge de sonneur de grelots, mais je ne saurai absolument pas à quel moment il convient de les agiter au cours de la cérémonie. Le prêtre est trop bourru (et sans doute mal réveillé, lui aussi) pour que je lui en parle. Je décide donc de me confier à l'autre enfant de chœur, qui semble être un vieil habitué.

— T'en fais pas connard, me dit-il, quand ce sera le temps de sonner, je te ferai signe discrètement.

Je remercie mon sauveteur avec beaucoup d'empressement.

La messe commence. Comme j'ignore aussi les répons, je baisse ma tête, signe de recueillement et de grande piété, qui, me dis-je, ne doit pas échapper au curé, et marmonne des mots incompréhensibles en duo avec mon compagnon fier d'exhiber son savoir. Chemin faisant, je m'ajuste du mieux que je peux au rythme de mon modèle, avec une infime fraction de seconde de retard sur lui. Je prononce le plus distinctement possible les *Mea culpa, Et cum Spiritu tuo, Deo gratias, Amen* et compagnie de sorte que le prêtre, les yeux mi-clos, ne décèle pas ma petite supercherie.

Sitôt les prières récitées au bas des marches, l'homme d'église grimpe à l'étage de l'autel.

Mes clochettes sont toutes prêtes à entrer en action. Ma tête est discrètement tournée vers le côté gauche afin de ne pas rater les ordres. Le premier moment solennel venu, mon guide me fait signe. J'agite aussitôt les clochettes avec un empressement exemplaire. Mon compagnon me fait signe qu'il est content de moi. On peut dormir tranquilles…

C'est d'ailleurs précisément ce qui m'arrive. Je m'endors, bien calé sur mes genoux, d'un sommeil profond. Pour le copain, qui est témoin de mon irresponsabilité, c'est la catastrophe. Comment faire pour me réveiller? Il ne peut tout de même pas se lever et aller me secouer devant tout le monde. Il prend donc la décision d'attirer mon attention en lançant une série de «Psssst... pssssst...», en souhaitant que ses appels n'éveilleront pas l'attention du curé absorbé par son rituel.

— Psssst! répète-t-il avec acharnement.

Son appel parvient finalement à mes oreilles. Réveillé en sursaut, je comprends que le temps est venu pour moi de sonner. J'agrippe immédiatement les clochettes et me mets à les actionner avec vigueur afin de montrer que je fais bien mon travail. Quelle horreur! Je constate que le visage de l'autre servant de messe se défait au rythme des clochettes. Il secoue vigoureusement sa tête alors que j'agite mon instrument de métal en disant:

— Non, non, PAS MAINTENANT. PAS ENCORE! QU'EST-CE QUE T'ES CON!

Malheureusement, l'irréparable outrage est commis. C'est la catastrophe. Le copain ne peut plus rien pour moi. Je vais sûrement être crucifié. Je me vois déjà tout là-haut, sacrifié comme le Christ entre les deux larrons. Dans mon dos, je sens un frémissement provoqué par les bigotes. Le pire reste à venir: c'est-à-dire la réaction du curé. Je ne sais pas quelle tâche absorbait l'officiant au moment où je l'ai interrompu dans ses prières, mais je constate qu'il vient brusquement de cesser son activité. Il se retourne et me décoche un regard qui ressemble à l'œil d'un canon du calibre de la légendaire Grosse Bertha. Aimable comme un gardien de prison, il me fait comprendre que nous aurons à nous expliquer plus tard, puis retourne à son devoir d'officiant. Je l'imagine dire au Seigneur tout-puissant: «Pardonnez-lui, mon Père, car ce petit morveux ne sait pas ce qu'il fait!»

Dans des conditions pareilles, il n'y a plus de danger pour que je me rendorme. Je crois même que ce soir, je vais avoir du mal à trouver le sommeil. Une fois la messe terminée, nous accompagnons le curé à la sacristie. J'ai l'impression d'être conduit à l'abattoir.

— Non, mais te rends-tu compte de ce que tu as fait? Qu'est-ce qui m'a fichu un guignol pareil? Tu te penses au cirque, peut-être? Bon, allez zou, file à l'école maintenant. Je ne veux plus te revoir ici. J'en parlerai à ta maîtresse plus tard... C'est compris?

Oui, c'est compris. La mise à pied est sans recours. En rendant mon tablier, c'est-à-dire mon aube de lin blanc, je promets à Dieu, tandis que je suis encore dans sa maison, de faire en sorte que ma piété et ma foi ne changent pas. Pour les indulgences plénières, je repasserai...

En m'accompagnant à l'école mon «instructeur», très perturbé par l'expérience, commente l'incident en ces mots:

— On peut dire que le responsable des clochettes s'est vachement fait sonner les cloches, hein? Pauvre cloche, va!

Et c'est ainsi qu'à ma plus grande joie (ainsi que celle de ma mère d'ailleurs) prit fin ma brève carrière de servant de messe à l'Église Saint-Pierre de Montrouge.

Le lendemain, en apprenant que j'ai été viré comme un malpropre, un garçon de ma classe m'incite à réagir:

— C'est un con le cureton! dit-il. Si j'étais toi, je lui viderais un encrier dans le bénitier. Tu verrais la gueule qu'il ferait!

Je ne me sens pas tout à fait innocent dans ce renvoi. Je trouve néanmoins que le châtiment dans mon cas a été nettement exagéré. Me venger, oui, mais pas de la manière que mon conseiller me propose. En y pensant bien, je trouve une autre idée qui tourne, elle aussi, autour de la grande vasque installée à l'entrée de l'église. Je vide ma tirelire et achète deux petits poissons rouges. Je les relâche ensuite, très discrètement, dans le bénitier. «Allez, et multipliez-vous!»

Bien qu'on lui attribue des propriétés particulières, l'eau bénite, c'est connu, n'est pas plus nutritive que l'eau du robinet. Ainsi, tous les matins, avant d'aller à l'école, je suis obligé de faire un saut à l'église pour y déposer quelques miettes de pain. Les poissons semblent être heureux et survivent jusqu'à la grande messe dominicale. N'étant pas présent au moment où ils ont été découverts et sortis du lieu saint, je ne peux qu'imaginer la surprise et l'embarras que leur sauvetage a dû créer au curé. Ma petite effronterie m'ouvre un nouvel horizon. Bien que je sois plus porté au pardon qu'à la vengeance, je comprends que d'aucuns puissent se venger sans nécessairement être méchants. Si jamais je devais choisir cette voie, la farce, l'impertinence, l'insolence, pourraient avoir un effet libérateur. Je m'en souviendrai!

chapitre

... comme dans JEUNE

J'étais né pour être JEUNE
et j'ai eu la chance
de m'en apercevoir le jour
où j'ai cassé de l'être.
Georges Courteline

L'année scolaire terminée nous sommes invités, mon frère et moi, à passer nos vacances dans la Sarthe, au lieu-dit Château-du-Loir, à la maison de campagne de ma tante Suzanne. Contre le mur de la maison blanche, des rosiers grimpants font tonnelle au-dessus de la porte d'entrée où se tient l'oncle André, souriant, les bras croisés, dévisageant ses deux neveux de son beau regard bleu. Sur la droite, un petit mur de briques rouges clôture un magnifique jardin rempli d'arbres fruitiers, de légumes et de fleurs.

La tante Suzanne s'est faite toute belle pour nous recevoir. Elle porte une robe à plis qui lui donne une allure de gitane. Chacun de ses pas ressemble à un pas de danse et fait frémir sa robe. Ces vacances ne seront pas tristes.

La tante Suzanne nous prend maternellement par les épaules, mon frère et moi, et, avec beaucoup de douceur, nous reconduit à nos chambres. La mienne est immense et pourvue de deux éviers. L'un me paraît installé à hauteur normale; quant à l'autre, il est oblong et ressemble plutôt à un siège de toilette. D'ailleurs, il est de taille identique. À la seule différence près qu'il est pourvu de deux robinets et n'a pas de lunette. Bizarre.

La tante Suzanne aime que la vie se déroule rondement:

— Fais vite ta toilette, dit-elle. Ici tu as tout ce qu'il faut pour te laver. Tu prendras un bain ce soir. Dépêche-toi, car on déjeune dans dix minutes!

Je me débarbouille rapidement dans l'évier. Quant à mes pieds, passablement endoloris par le voyage, je décide de les laver dans l'étrange bassinet. Je me penche sur lui et ouvre un robinet. Au même moment une véritable fontaine jaillit de la cuvette et m'envoie une puissant jet d'eau dans les yeux qui me fait presque perdre l'équilibre. Je suis complètement déconcerté. En arrivant à table je raconte ma mésaventure à tout le monde. Suzanne et André sont morts de rire. La stupeur leur peigne des sourcils en accents circonflexes:

— Ça s'appelle un *bidet*... mon badaud! disent-ils en chœur, et ça n'a pas été inventé précisément pour qu'on s'y lave les pieds!

Mon oncle et ma tante nous font découvrir le marché du village, la foire à la brocante et la kermesse, que j'apprécie particulièrement, car tout le monde y fraternise dans une joie communicative que j'ai rarement rencontrée dans ma vie.

En leur compagnie, les journées se déroulent dans une grande paix. Suzanne consacre beaucoup de temps à nous préparer des douceurs et à nous familiariser avec les coutumes françaises. Quant à l'oncle, il a déménagé son étude d'architecte à la campagne pour la durée de l'été, et travaille d'arrache-pied sur de gigantesques plans qui semblent lui créer de grands soucis.

La tante Suzanne insiste pour qu'on la tutoie. Elle trouve absurde les enfants qui vouvoient leurs parents et, à plus forte raison les enfants qui, comme nous, s'adressent à leur père et à leur mère à la troisième personne en leur disant «Père peut-il me passer le sel?» ou «Mère voudrait-elle me dire comment elle va?».

— Votre façon de faire est complètement déphasée, dit Suzanne qui n'a pas la langue dans sa poche. C'est une pratique digne de nobles tarés!

Mon frère et moi feignons de ne pas l'entendre. Affaire de dignité. Au fond de moi, je trouve qu'elle n'a pas entièrement tort mais on ne va pas, comme ça, du jour au lendemain, dire «tu» à nos parents. C'est pire que de changer de peau.

La tante Suzanne est généreuse et possède l'intelligence du cœur. Elle est la première à deviner mon étrange et mortel chagrin. Tous les jours, elle apparaît à mes côtés, l'oreille et le regard attentifs à mes préoccupations. Parce qu'elle leur fait un bon accueil, tant de choses qui sommeillent en moi font soudain irruption. Ce que je contenais à grand-peine et m'ingéniais à cacher lui devient évident. Sa sensibilité me bouleverse.

— Je comprends ce que tu vis, me dit-elle complaisamment. Certes, ce n'est pas facile de se sentir étranger dans un pays, mais ne t'inquiète pas, bientôt tu seras accepté de tes copains comme un des leurs, et puis tout deviendra plus facile. Tu vas faire comme les arbres que l'on transplante d'un pays à l'autre. Tu ne vas pas t'intégrer, je n'aime pas ce mot, tu vas t'acclimater! Oui, T'ACCLIMATER.

Un coup parti, elle décide de me donner d'autres recommandations:

— Crois-en mon expérience, dit-elle. Vis maintenant. Savoure chaque miette de la journée. Vis au jour le jour. Souviens-toi que chaque heure, chaque minute, chaque seconde est une richesse: ta seule richesse. Alors, fais attention de ne pas gaspiller ton temps ni celui des autres. Regarde les gens et les choses comme si tu les découvrais pour la première fois et sois toujours prêt à les aimer. Ne désespère jamais. Ne te plains pas. Ne t'affole pas. Écoute ton cœur. Essaie de trouver ta joie dans ce qui t'est donné. Ne te retourne pas sur le passé. Moque-toi d'hier. Dis-toi que la journée d'hier est passée. Moque-toi aussi de celle de demain parce qu'elle n'est pas encore venue et qu'elle ne viendra peut-être pas...

Pour clore sa série de conseils, elle ajoute:

— C'est bien compris, mon grand? Pense à maintenant et fais en sorte que le moment que tu vis soit toujours un grand moment! L'instant présent est ta seule grande richesse! L'acclimatation dont je t'ai parlé commence ici, et pas plus tard que maintenant!

Pour m'aider à m'acclimater, elle a d'ailleurs trouvé une idée:

— Pendant que j'y pense: ton nom, Alex, qui n'est d'ailleurs pas ton vrai nom, n'est pas très joli. On ne peut pas t'appeler Aloyzas parce que ce nom n'existe pas en France. On ne peut pas non plus t'appeler Aloïse, ça ferait plutôt fillette. Aliocha, c'est juste bon en Russie. Il faut donc t'en trouver un autre. Il faut te rebaptiser. André et moi y avons beaucoup pensé. On va t'en proposer un qui est beaucoup plus doux et parfaitement français. Il te conviendra mieux: c'est ALAIN! Qu'en dis-tu?

Je répète ce nouveau prénom deux ou trois fois dans ma tête, puis je le prononce à voix haute. Je le claironne à qui veut l'entendre. En effet, je trouve qu'il sonne bien. La tante n'a pas tort. Il me plaît.

— C'est décidé, je change!

— Te rends-tu compte de la chance que tu as? dit la tante en rattrapant la balle au bond. Ce n'est pas tout le monde qui a le privilège de changer son nom une fois qu'on a déjà vécu des années avec le sien. C'est décidé: donc, à partir de maintenant, tu seras ALAIN! D'ailleurs, tant qu'à changer de nom, on va aussi changer le mien...

Je sursaute:

— Vous allez aussi changer le vôtre?

— Mais non, mais non. Je vais toujours m'appeler Suzanne, mais je ne veux plus que tu m'appelles ainsi. À partir de maintenant, je deviens ta MARRAINE. C'est logique puisque c'est moi qui t'ai baptisé, non? Et n'oublie pas: je veux que tu nous tutoies, ton parrain André et moi!

Elle est vraiment inimitable cette femme. Elle est pleine de vie et, pour elle, rien n'est jamais immuable, irrévocable.

Ma nouvelle identité me donne la curieuse impression de recommencer une deuxième vie, un nouveau départ. Et si, par miracle, ce nouveau nom allait me porter chance? Avec mon baptême improvisé, l'espoir de voir des jours meilleurs me revient. Je vais peut-être enfin cesser de porter mon cœur en écharpe.

Durant les jours suivants, la délicieuse marraine me consacre tout son temps. Elle veut tout savoir de moi, tout comprendre. Elle sait me mettre en confiance, extirper de moi tous mes tourments, toutes mes peurs. Elle est d'une patience d'ange. Je n'hésite pas à lui révéler la crainte maladive que j'ai de m'asseoir le dos aux fenêtres. Chaque fois qu'il m'arrive de me trouver dans cette situation, un malaise s'empare de moi. Marraine me fait asseoir sur ses genoux. Elle m'écoute, attentive, assidue, compréhensive. Elle ne se moque pas de ma confidence, qu'elle reçoit avec beaucoup de tact:

— Je t'entends, dit-elle d'une voix rassurante. Je te comprends. Sois patient. Je peux t'assurer que le temps arrangera tout...

Du coup, je me mets à rire, d'un rire guérisseur, bienfaisant; à rire sans pouvoir m'arrêter, comme si mon passé tout entier s'échappait soudainement par la blessure qui est mon rire. Ce n'est plus un rire, c'est un saignement énorme, une hémorragie. Ma marraine me prend dans ses bras et me serre très fort. Elle rit aussi. À travers le tressaillement de sa généreuse poitrine, contre laquelle je me blottis, je sens une grande douceur et beaucoup d'amour. J'ai le sentiment très net qu'à ce moment précis un voile opaque se déchire brusquement et que, derrière ce rideau, se trouve un nouvel univers que je vais enfin découvrir. Voilà longtemps que je n'avais éprouvé une telle impression de sécurité. Je viens de grandir d'un coup.

Marraine me couve des yeux avec attendrissement. En m'étreignant elle murmure dans mon oreille:

— Je t'aime, tu sais! Tu peux rire maintenant! Ris, parce que rien ne sera jamais plus comme avant!

J'éprouve envers elle une gratitude infinie.

L'amour de Suzanne et d'André me donne des ailes. L'atmosphère de la maison m'enchante. Tout ici me paraît réconfortant et doux.

Dans la bibliothèque, je fais la découverte d'un vieux dictionnaire Larousse en loques dans lequel je passe désormais de longues heures. Ma curiosité est insatiable. Les légendes des illustrations me permettent d'apprendre beaucoup de mots nouveaux dont ma marraine m'enseigne généreusement la prononciation.

Je retranscris mes trouvailles les plus importantes dans mon éternel petit carnet vert qui ne me quitte jamais. J'y place entre autres: «Parallélépipède», «philodendron» et le mot le plus long de la langue française: «anticonstitutionnellement». Des mots bizarres constitués d'un mystérieux sifflement de lettres dont la musique me fascine.

À l'heure des repas, j'apprécie la découverte de nouveaux mets. J'aime tout ce que l'on me sert. Il n'y a qu'une seule exception: les endives braisées. Leur goût amer me soulève carrément le cœur. Marraine insiste pour que je les mange parce que, paraît-il, c'est bon pour la santé. Afin de ne pas la décevoir, je fais le plein d'endives dans ma bouche et, mine de rien, je vais les recracher dans les toilettes. Lorsque je reviens à table, elle me sourit et dit:

— Bon, c'est promis, je ne t'en ferai plus!

Malheureusement, ce grand bonheur ne dure pas. Chaque jour qui passe le parrain paraît de plus en plus préoccupé. À table, il reste silencieux, absent, abîmé dans une concentration morose qui nous inquiète tous. Suzanne nous demande de faire le moins de bruit possible et surtout de faire semblant que rien n'est changé. Quand on adresse la parole au parrain, il reste muet, les yeux immobiles, braqués. Lorsqu'il se décide à parler, ses propos sont totalement incohérents. Il bredouille toujours les mêmes mots qui tournent autour d'un problème de portes et de fenêtres. Un problème insoluble. Il traîne d'ailleurs constamment un immense plan de la maison sur lequel il travaillait au moment où cette mystérieuse crise est venue le frapper. Le médecin, que marraine vient de consulter, n'est pas optimiste quant à l'issue de cette catastrophe qui nous plonge tous dans le désarroi.

Quelques jours plus tard, marraine nous annonce qu'elle va devoir ramener le pauvre André à Paris, où elle entend le faire hospitaliser afin que les spécialistes puissent le sauver. Le problème est grave. Une pensée insupportable me taraude l'esprit: et si c'était incurable? Ma gorge se serre et mes yeux commencent à piquer.

Les vacances prennent fin de manière inopinée, et c'est plongés dans l'inquiétude que nous rentrons à Paris. Combien la vie semble parfois s'accélérer de manière totalement imprévisible. En me séparant d'eux, je serre marraine contre moi. Ne sachant que dire pour la consoler, je lui susurre timidement le conseil qu'elle m'a donné:

— Le temps, marraine! Le temps va tout arranger, tu vas voir!

Elle me sourit. Je crois que nous nous sommes compris.

cha**K**itre

... comme dans KARMA

À chacun son KARMA.
Moi, mon chat s'appelle
Karma.

Woody Allen

Durant notre absence, il a eu pas mal de changements à la maison.

Tout d'abord, en hommage à un héros français de la dernière guerre, on a changé le nom de l'avenue d'Orléans pour celui d'avenue du Général-Leclerc. Ensuite, nous sommes maintenant installés à l'étage du dessus. Notre nouvel appartement est plus spacieux. Il a une chambre de plus: je la partagerai avec mon frère. Celui que nous venons de quitter servira dorénavant à héberger ma tante Liudunia et notre grand-mère maternelle dont on nous annonce le rapatriement d'Allemagne très prochainement.

Avant d'entrer dans l'appartement, ma mère nous soumet à un rituel propre à notre pays. Elle nous tend une petite assiette sur laquelle elle a déposé du sel et des petits morceaux de pain noir. Nous devons impérativement en manger avant d'enjamber le seuil de notre nouvelle demeure.

— Le sel, dit-elle, a la propriété de repousser le mal et la mort. Il empêche l'âme de pourrir! Quant au pain, si vous en mangez avant d'entrer, jamais vous n'en manquerez!

Le nouvel appartement, aux tapisseries fanées, s'est libéré de manière très inattendue à cause d'une histoire tragico-loufoque. Les deux voisins de palier se détestaient. Tout était prétexte à se chamailler. Les hostilités ont commencé pour une anodine histoire de chat.

— Votre putain de chat a encore pissé près de ma porte, en-tendait-on crier. S'il continue, un de ces jours je lui ferai la peau à votre horrible greffier!

Il y avait une telle conviction dans les propos du geignard que les locataires de l'immeuble s'attendaient à voir à tout moment le triste individu égorger le chat devant nos yeux. Confus, et redoutant la mauvaise humeur du voisin, le propriétaire du minet ne répondait pas. Il enfermait prudemment sa petite bête chez lui pendant quelques jours, le temps que l'orage se dis-sipe.

Or, un jour — la chose nous fut contée, car nous n'étions pas présents —, le voisin ennemi du chat alla frapper à la porte de l'autre et lui dit:

— Je viens vous annoncer que je déménage. Je sais que, par-fois, je vous ai fait la gueule à cause de votre chat, mais sachez que je le regrette. J'aimerais que vous ne gardiez pas un mau-vais souvenir de moi. Autrement dit, je voudrais qu'on se quitte en bons termes. Je vous invite donc, votre femme et vous, à venir dîner à la maison avant mon départ. Ce sera à la bonne franquette. Une soirée de réconciliation et d'adieu en quelque sorte...

Le voisin accepta de bon cœur cette étonnante marque d'amitié. Prêts à tout oublier, sa femme et lui sont donc allés dîner. Ils ont même apporté une bouteille de vin rouge et un bouquet de fleurs. Au menu, il y avait du lapin à la moutarde pour le couple et une grande variété de légumes pour l'hôte qui, a-t-il bien précisé, était végétarien.

Le dîner s'est très bien passé, au point que les invités ont dit regretter de voir partir un homme qui, s'ils l'avaient découvert avant, aurait bien pu être un excellent ami. Le jour du déména-gement le «végétarien» glissa une petite note sous la porte de ses voisins. Elle se lisait comme suit:

«Inutile de chercher votre chat. Vous l'avez bouffé chez moi l'autre soir. J'espère que vous l'avez trouvé bon! Adieu!»

Entre-temps, la famille s'est encore agrandie: nous avons hérité d'une nouvelle tante «par alliance». Je ne sais pas trop ce que ça veut dire, mais il paraît qu'elle aurait épousé en secondes noces un frère ou un demi-frère d'André et de Kiss. Un médecin, lui aussi, comme la mère de Kiss, Dr de Stankewitch, décédée récemment à Ligueil où elle avait pratiqué durant de nombreuses années. Cette tante, nouvellement débarquée, porte donc, elle aussi, le nom de Stankewitch. Pour simplifier les choses, ma mère l'a baptisée, un peu ironiquement, du nom de «Madame».

Madame porte des chapeaux emplumés. C'est une femme élégante, sémillante et très bavarde. Elle a les doigts chargés de grosses bagues plutôt voyantes et se parfume tellement qu'une fois qu'elle nous a quittés l'appartement continue à embaumer jusqu'au lendemain. Madame s'est entichée de mon frère. Elle lui trouve des qualités, paraît-il, que je ne lui connaissais pas. Elle veut lui «donner sa chance dans la vie», dit-elle en lui proposant d'aller s'installer chez elle pour un certain temps.

— C'est très grand chez moi, explique-t-elle, et je suis seule. Il n'y a pas de raison.

Elle affirme avoir beaucoup de loisirs et se dit prête à lui donner quelques leçons particulières (dont elle n'a pas précisé la nature).

— Ça va vous soulager, insiste-t-elle, et comme ça Alain aura sa chambre à lui.

Nous allons tous accompagner mon frère à sa nouvelle demeure qui est d'un luxe rare. Tout ici est étincelant de propreté. Sur les guéridons surmontés de marbre, les statuettes de bronze rivalisent de beauté. Pour circuler dans les pièces, nous sommes contraints d'utiliser des patins de feutre et devons donc cirer les planchers, déjà très luisants, en nous déplaçant.

Seule ma mère ne semble pas très à l'aise avec cette invitation, mais elle finit par consentir à laisser mon frère vivre un temps dans la cage dorée de Madame. À vrai dire, je ne sais pas si les réticences de ma mère viennent du fait qu'André, Suzanne et Kiss sont brouillés avec la veuve (une histoire d'héritage, sans doute) ou si c'est parce qu'elle n'arrive simplement pas à croire à la soudaine générosité de la dame. On verra bien.

Le cercle des amis de mes parents s'est passablement élargi depuis le moment où j'avais quitté Paris. Il y a tout d'abord l'arrivée du couple Isbach. Elle, Lituanienne d'origine, est belle, grande, blonde et rieuse. Lui, plus très jeune, pourrait presque être le père de sa femme. C'est un Russe blanc, un noble. Comme la plupart de ses compatriotes qui se sont installés à Paris, il est chauffeur de taxi.

Mes parents ont aussi fait la connaissance d'une voisine qui vit seule à quelques pas de notre immeuble. Elle est Française. Ma mère l'a croisée un jour à la pharmacie, que la malheureuse semble fréquenter avec assiduité à cause des innombrables bobos dont elle prétend être atteinte. Depuis une semaine, la mystérieuse voisine semble pourtant se porter mieux. Elle aurait, paraît-il, trouvé un remède infaillible aux maux qui la terrassaient jusqu'ici. Ce remède, mes parents n'arrivent pas à me l'expliquer tant ils le trouvent risible. Il paraît qu'elle est arrivée un jour à la maison et que, triomphante, elle leur a dit:

— Grâce à Dieu, qui m'a permis de tomber sur un brillant guérisseur, j'ai enfin retrouvé la santé. Le remède est tellement simple. Et le plus beau, c'est qu'il est parfaitement gratuit! Fallait juste y penser. Depuis que je l'applique, je me sens en forme comme jamais. D'ailleurs, j'ai déjà envoyé valser toutes mes pilules! Parce que vous êtes des amis, et que je crois qu'on n'a pas le droit de garder pour soi un tel secret qui peut soulager l'humanité toute entière, je vais vous le révéler. Je vous invite à le faire connaître autour de vous. Figurez-vous que tous nos ennuis de santé – et je dis bien TOUS – viennent de nos flatulences! Il est normal d'avoir de l'accumulation de gaz dans les intestins. C'est la nature qui veut ça. Ce qui n'est pas naturel par contre, c'est de les retenir! Au nom de quelles conventions stupides, ou d'une soi-disant bienséance, devrait-on se faire du mal, je vous le demande... Aujourd'hui, dès que je sens venir un ballonnement abdominal ou, pour être plus crue, une envie de péter, il n'y a pas de honte à avoir... Eh bien, je pète sans retenue, le plus normalement du monde, et ce, peu importe ce que je fais ou l'endroit où je me trouve! Vous ne pouvez pas savoir à quel point cet acte, tout à fait naturel, exprimé en toute liberté, peut procurer le bien-être, et cela, instantanément. Pratiqué rigoureusement tous les jours, il permet de garder tout le système en bonne santé. Quand on retient en soi un poison qui cherche à s'échapper, on empoisonne l'organisme. C'est logique, non?

Je n'en crois pas mes oreilles.

— Et vous l'avez entendu péter, ici, à la maison?

— Et comment, répond ma mère effondrée de rire.

Mon père, lui qui aime jouer des tours sans en avoir l'air, n'a qu'une hâte: c'est d'inviter celle qu'il a déjà surnommée Madame Prout, en même temps qu'un groupe d'amis qu'il n'a pas l'intention de mettre au courant, afin de ne pas les priver des joies de la découverte.

Cette soirée, qui ne tarde pas à être organisée, réunit le couple Isbach, Monsieur Paul, un professeur de mathématiques, confrère de mon père, homme du monde d'une extrême courtoisie, et l'ineffable Madame Prout. Quand je vois apparaître la reine incontestée du pet, j'ai peine à retenir mon impatience. Un vieux châle de dentelle grise comme elle recouvre ses frêles épaules. Ses mains ont une pâleur de cire et son visage est couleur d'aubergine. Nous sommes huit en tout. Jamais avons-nous été aussi nombreux autour de la table. Va falloir drôlement nous serrer.

Pour l'occasion, ma mère se surpasse. Au menu, il y a du bortsch, de la viande au chou (légume auquel on prête, comme chacun sait, des vertus flatulentes) et des pommes de terre sautées. Au dessert, elle nous offre un délicieux Napoléon, qui ressemble à ce que les Français appellent un mille-feuilles, mais en plus velouté. Je me demande par quel miracle ma mère a pu réussir cet exploit, elle qui, en Lituanie, approchait rarement d'un fourneau. Faut croire que les talents culinaires se développent avec la nécessité. À la voir régner ainsi au milieu de nos invités, avec nos assiettes ébréchées, je ne peux m'empêcher de repenser à notre salle à manger de Kaunas, lambrissée de chêne, aux assiettes de porcelaine, aux chandeliers, aux cristaux et à la rayonnante argenterie que nous possédions avant cette guerre qui nous a tout pris.

Dans notre salon-salle-à-manger parisien, la promiscuité du moment ajoute une belle note de cordialité à l'atmosphère déjà très animée. Les convives apprécient le succulent repas et congratulent ma mère. Bien entendu, le monbazillac coule à flots. Vu l'exiguïté de notre table de salle à manger, nous sommes au coude à coude, entassés les uns contre les autres. Et c'est justement là qu'est le drame… car le *vrai dessert*, les invités ne l'ont pas encore expérimenté.

Quand vient le moment de servir le thé, à l'heure où la digestion a commencé à faire son œuvre, Madame Prout entre en action sans aucun avis préalable. Elle prend la parole à sa façon en lâchant un gaz intestinal sonore comme un coup de trompette. La dame ne manque pas de souffle… La déflagration, acompagnée naturellement d'une mémorable exhalaison, remplit la pièce. Elle est suivie d'un lourd silence; nous vivons tous un moment de grande stupeur. L'assemblée, bien que très embarrassée par cet instant d'égarement, fait mine de n'avoir rien entendu. Madame Prout n'est pas découragée pour autant. Désireuse sans doute qu'on l'interroge sur sa nouvelle thérapie, elle nous en ressert une autre tournée.

Cette fois, Monsieur Paul est sur le point de pouffer. Il se retient comme il peut. Il devient tout rouge et je vois de grosses larmes inonder ses yeux. Pour un peu il va péter lui aussi! Comme il a le nez et les oreilles bien débouchés et ne manque pas d'humour, le brave homme commente l'événement d'un air détaché:

— Et de deux! Vive l'artillerie française! Il n'y a rien comme les gaz lacrymogènes pour terrasser l'ennemi... dit-il en sortant son mouchoir pour s'essuyer les yeux.

La pétomane demeure imperturbable. Elle garde tout son naturel. Autrement dit, elle ne... garde rien pour elle. Devant la démonstration de cette thérapie révolutionnaire, mon père se penche à l'oreille de ma mère et lui chuchote:

— Tu n'aurais peut-être pas dû forcer autant sur le chou...

Un mémorable spectacle de *son et... odeur* que je n'oublierai pas de sitôt.

Parmi les autres incidents survenus durant cette période apparemment propice aux imprévus, il y a le passage chez nous d'un impressionnant curé vêtu d'une somptueuse soutane qui s'est proposé (gracieusement, pour l'amour du prochain) de faire parvenir de l'argent à tante Liudunia et à la grand-mère, toujours retenues en Allemagne. Le saint homme a, paraît-il, grâce à ses contacts à l'archevêché de Paris et auprès de militaires français, (fervents catholiques) postés à la frontière alsacienne, un moyen à toute épreuve d'acheminer de l'argent en Allemagne, ce pays ennemi qui a perdu la guerre. Confiant, mon père lui a remis tout ce qu'il a pu gratter dans ses fonds de tiroirs afin que les deux femmes, totalement démunies, puissent avoir quelques sous en poche pour pourvoir à leurs besoins immédiats.

En vérité, le complaisant curé, à la soutane impeccable et à la parole facile, était une ignoble crapule.

L'expérience a outré ma mère qui se félicite, en se signant, de ne pas savoir parler le français.

— Qu'est-ce que la langue française peut bien avoir à faire dans cette histoire? lui demande mon père, excédé.

— Tu ne te souviens pas donc pas que cet escroc avait proposé de me confesser?

Aïe, aïe!

À l'avenir, il faudra se méfier des habits et uniformes inconnus, même ceux de prétendus vicaires du Christ!

cha**L**itre

... comme dans LIBERTÉ

L'usage de la LIBERTÉ
devient dangereux entre des
mains incompétentes.
Jean-Charles Harvey

Ça y est. C'est la rentrée.

À l'école, à l'exception de quelques nouveaux visages, je retrouve les garçons de l'année précédente. Il y a de la joie et de la peine. La joie de retrouver les amis et la peine de quitter les parents. Les forts, les faibles et les résignés ont tous un peu vieilli. La plupart sont bronzés, sauf Clavert dont le teint est toujours olivâtre et qui continue à s'adonner activement à ses travaux manuels. Mamzelle nous couine qu'elle est heureuse de nous retrouver. En entendant cet aveu, le champion de l'élastique, aussi frondeur que par le passé, rétorque:

— Eh ben, pas nous! On était mieux en vacances!

La moitié de la classe s'effondre de rire. Mamzelle rit, elle aussi. L'atmosphère est à la détente. Contrairement à ce qui se passait l'année précédente, mes nouveaux voisins m'adressent la parole. Ils semblent avoir oublié qu'il y a quelques mois à peine, je ne comprenais qu'une phrase sur deux. Ils ne semblent pas autrement surpris de m'entendre leur parler. Jean-Louis a, lui aussi, réintégré la classe. Il a l'air en pleine forme. Ça me rassure. On se fait signe. Pour le moment on ne se parle pas, on se devine. Nous nous reverrons plus tard.

À la récré, un grand gaillard, qu'on a surnommé *le Gros dégueulasse,* est le centre d'attraction. Il a quelque chose d'important à communiquer.

— Hé, les gars! La prochaine fois, dans la rue, lorsque que vous irez dans une pissotière, regardez bien par terre. Vous verrez qu'il y a souvent des morceaux de pain qui baignent là, dans l'urine. C'est pas un hasard. Ce sont des mecs complètement givrés qui les déposent là pour que les gens pissent dessus. À la fin de la journée, ils vont ramasser les morceaux de pain et ils les bouffent. Ouais, j'vous l'jure: ils bouffent les morceaux de pain pleins de pisse. C'est dégueulasse!

On a tous un haut-le-cœur. Heureux d'avoir fait son effet, il nous en promet d'autres:

— Mais ça, à côté de ce que je vais vous dire plus tard, c'est de la gnognote, annonce-t-il. Tout à l'heure je vais vous en raconter un autre truc encore plus dégueulbif...

Aucune énormité, aucune irrévérence, aucune grossièreté ne l'arrêtent. Il porte bien son nom, celui-là.

Cette deuxième année scolaire se passe sans incident majeur. Je continue, comme avant, à rester légèrement en retrait, rebelle à toute récupération ne m'identifiant à aucun groupe particulier. De temps en temps on ne se gêne pas pour me rappeler que je ne suis qu'un «Polak», un «Rital», ou un «Lis-tu-nia-nia». Un éternel et étrange «étranger» en somme.

Pour panser ce chagrin oppressant qui me pénètre comme une longue épée, je me colle davantage à mon copain Jean-Louis pour qui la couleur de mes cheveux blonds n'est pas un obstacle. Il m'accepte comme je suis. Notre camaraderie s'est soudée. Il y a entre nous un échange d'ondes. Nous sommes au même diapason. D'ailleurs, toute cette histoire d'acceptation commence à me sortir par les oreilles. Je me souviens soudainement que, lorsque je suis né, ma mère attendait une fille. Je ne suis pas sûr que mes parents aient totalement accepté le garçon qui leur est venu. Est-ce pour cela que ma mère est souvent plus exigeante envers moi qu'envers mon frère? Est-ce pour cela que je m'efforce tant pour essayer de lui plaire, de la séduire? Au creux de moi, ces questions n'en finissent plus de se défaire, de se dissoudre et de reprendre la forme d'une douloureuse écharde. Incapable de résoudre le problème, je le mets de côté en me disant: «J'y verrai quand je serai plus vieux. Pour le moment il y a autre chose de plus important.»

Et le plus important, c'est de faire quelque chose qui me fasse ressembler davantage à ceux qui pourraient devenir mes camarades. Ce n'est pas un secret, un des principaux obstacles est la couleur de mes cheveux. Leur blondeur m'est devenue insupportable. Depuis quelque temps, je n'arrive plus à les supporter. Je les déteste tellement que je ne peux même plus me regarder dans un miroir quand je me coiffe. Je me peigne de mémoire, comme un aveugle. Je viens de trouver la solution à mes maux: je vais me teindre les cheveux en noir! Prudemment, graduellement, sans quoi on s'en apercevrait et ce serait pire.

Le soir même, après m'être lavé la tête dans l'évier de la cuisine, je verse un peu d'encre de chine dans l'eau et applique cette teinture improvisée sur mes cheveux. Le résultat n'est pas extraordinaire, mais il n'est pas non plus catastrophique. L'opération terminée, je me réfugie dans ma chambre en attendant qu'ils sèchent. Sans quoi ils risquent de laisser des traces sur l'oreiller! Heureusement que nous sommes en plein hiver, car lorsque je pars, le matin, il fait encore nuit, et quand je reviens, il fait déjà noir. Pas le moindre danger d'être démasqué par ma mère.

Le régime de la teinture dure deux bonnes semaines. À l'école, personne ne me fait de remarque. Et comme personne ne m'a traité d'étranger, je ne suis pas plus avancé. À la maison, c'est différent. Ma mère a cru remarquer un changement, mais il n'est pas à mon avantage:

— Dis donc toi, me questionne-t-elle. Je me demande si tu laves réellement tes cheveux ou si tu fais semblant. Depuis quelque temps je trouve qu'ils ont l'air malpropres...

Finalement, je conviens que ce n'était pas une aussi bonne idée que cela. Il va falloir trouver autre chose pour réussir à me faire accepter...

cha**M**itre

… comme dans MÉRITE

*Il ne suffit pas d'avoir le
bonheur, il faut encore le
MÉRITER.*

Victor Hugo

L'année scolaire prend fin quelques jours après mon treizième anniversaire. Pour cette grande occasion, nous sommes tous réunis dans la cour de l'école. Les élèves sont appelés à tour de rôle devant les professeurs, Mamzelle et le directeur de l'école — le «dirlo» —, M. Baudlot, qui, pour la circonstance, a mis son plus beau costume. Les plus méritants d'entre nous ont droit à un impressionnant certificat accompagné d'un beau livre relié.

Je suis impatient d'être appelé à mon tour. Je me console en pensant que la liste a été dressée par ordre alphabétique. Mais quand j'entends Mamzelle prononcer les noms commençant par V et Z, un sentiment de découragement s'empare de moi. «Ils m'ont sûrement oublié», me dis-je. Pourtant, il me semble avoir fait des efforts surhumains. Je ne comprends rien à rien. Si ça se trouve je vais être obligé de redoubler la classe. Quelle injustice et quelle honte devant mes parents qui sont là, à mes côtés!

Mon père, qui ressent mon malaise, a mis sa main sur mon épaule, qu'il tapote délicatement. Son geste veut sûrement dire: «T'en fais pas fils, on t'aime quand même!»

Jamais je n'ai éprouvé pareille déception. En avant, la maîtresse pérore toujours. On applaudit, on rit, on se congratule, on se dit toutes sortes de broutilles, mais moi, je ne suis plus là. Mes pensées, qui s'étaient gonflées d'un absurde espoir, s'évaporent comme dans les pires moments de ma vie.

Soudain, alors que je ne m'y attends pas, j'entends appeler mon nom:

— Stanké. Veux-tu venir en avant s'il te plaît, mon grand?

Je ne sais pas ce qu'on me veut. Je flaire le danger. J'hésite un moment avant de répondre à l'invitation en me traînant, honteux, vers l'estrade ceinturée de drapeaux et de guirlandes. Je suis livide et disloqué comme un pantin de bois.

— Mes chers amis, dit le directeur après s'être raclé la gorge, je voudrais que vous applaudissiez très, très fort notre ami le jeune Stanké, car il s'est mérité *le deuxième prix de français de l'école!*

Je n'en crois pas mes oreilles. Les yeux du directeur ont eux aussi l'étincelle argentée des heures de grande exaltation. Un frémissement d'approbation secoue l'assistance. Parents et enfants applaudissent frénétiquement. Autour de moi les élèves me contemplent en souriant, avec un respect et une émotion que je ne leur avais jamais vus. Le premier prix est accordé *ex æquo* aux jumeaux Prévost, les deux cracs de la classe, des gars hyper studieux, très bourgeois, qui rêvent d'aller catéchiser les «sauvages» en Afrique.

Mes yeux me piquent et je sens soudain ma vue se brouiller. Je viens de remporter le premier plus grand succès de ma vie.

Mamzelle m'embrasse avec effusion. Je reçois ce baiser comme l'onction qui accompagne une consécration.

Le directeur s'avance à son tour et me remet fièrement une sorte de diplôme enluminé, ainsi qu'un superbe livre relié de couleur rouge sur lequel je lis: DE LA TERRE À LA LUNE. J'ai le sentiment que le titre de Jules Verne correspond parfaitement au chemin que je viens de parcourir. Ma respiration s'arrête. Je regarde fixement ce parchemin qui représente ce que j'ai reçu de plus précieux au monde. Mes yeux ne cillent plus. Plantés sur cette attestation officielle, ils ne voient qu'elle. Je suis heureux. J'ai gagné mon combat.

En retrouvant mes parents, je vois des larmes perler sur leurs joues.

Sur le chemin de la maison, je suis un peu étonné de voir que les passants que nous croisons sur notre chemin soient si paisibles et ne remarquent pas qu'une énorme joie m'habite.

Le lendemain du grand jour, je revois mon ami Jean-Louis. Il se prépare à partir en vacances et ne sait pas encore quelle école il fréquentera au retour. On se quitte comme on s'est trouvé, unis par un lien étrange terriblement fort, une amitié de toujours, hors du temps. On se promet de se retrouver un jour.

chaNitre

... comme dans NUES

Je tombais des NUES,
j'étais ébahi, je ne savais
que dire.

Jean-Jacques Rousseau

Mon père est toujours prêt à m'encourager à développer mes talents. Plus encore depuis que mes efforts ont été «couronnés». Comme il a constaté que j'avais une attirance pour le dessin, il a trouvé une idée:

— Si tu veux, me dit-il un jour, nous allons t'inscrire à une série de cours du soir qui se donnent dans une école tout près de la maison.

J'accepte sa proposition avec enthousiasme. Les cours ont officiellement débuté depuis une semaine, mais mon père ne pense pas que ce soit un obstacle à mon inscription. Un soir, nous nous présentons donc à l'école. Malheureusement, nous avons quinze minutes de retard. Les classes ont déjà commencé.

— On va quand même entrer, dit mon père en poussant une grande porte sur laquelle on peut lire: COURS DE DESSIN.

Sitôt la porte ouverte, il me laisse passer le premier. Catastrophe! Je me trouve nez à nez, ou plutôt nez... à seins avec une demoiselle complètement dévêtue langoureusement assise sur un tabouret. C'est pour moi la révélation du siècle. Elle est très brune... de partout. Elle a de longues jambes, de belles cuisses bien lisses, des fesses rebondies et une poitrine pleine. La vision est lumineuse. Dans le bref instant que dure cette effraction, nos regards se croisent. Elle a un petit rire moqueur qui enflamme mes joues. Sans précipitation, d'un bras, elle voile sa poitrine. Je suis pétrifié. Tout ça est si nouveau. Dieu est assurément bon pour moi... Le professeur n'a pas l'air du même avis:

— Non mais, qu'est-ce que c'est que ça? crie-t-il en s'adressant à mon père. Voulez-vous bien sortir votre mioche! Vous ne savez donc pas que ce cours est réservé aux adultes?

Mon père, rouge de honte, balbutie une série d'«excusez-moi, excusez moi, je ne savais pas»... et nous voilà jetés dehors comme des malpropres.

De toute façon, on ne peut plus rien rattraper. Le mal, ou plutôt le... bien est fait! La bouleversante créature ne saura jamais la place qu'elle tiendra involontairement dans l'éveil de ma sexualité. Sans le savoir, elle plante dans mon imagination les germes de tous mes rêves à venir. Pendant des jours et surtout des nuits, je reviens à mes visions de volupté intempestive. L'éducation est commencée, ce serait dommage de ne pas la compléter.

Pour parfaire ma première leçon d'anatomie, malheureusement trop brusquement interrompue, j'achète en cachette des magazines libertins qui gavent l'œil et dans lesquels trônent des femmes dévêtues dans des poses lascives. Corps splendides de souplesse et de mystère, croupes, ventres, cuisses, jambes et seins nus. Je m'en mets plein la vue. Reproduites sur du papier, ces images énigmatiques charrient dans mon esprit quelque chose qui est de la nature du pollen poussé par un vent printanier. Je tourne et retourne les pages pleines de féerie d'un doigt tremblant. Parfois, je les regarde même à l'envers, dans l'espoir de découvrir quelque partie cachée qui aurait échappé à ma première inspection. Toutes les femmes que je découvre dans les pages glacées semblent me sourire, la bouche entr'ouverte et le regard enflammé, comme pour une invite.

En faisant mon choix de lectures éducatives, je tombe un jour sur un magazine dont la première page est illustrée par une grande photo représentant une femme complètement nue, mais de dos. En titre on peut lire cette phrase: «*Pour voir ce qu'il y a*

DEVANT, tournez la page.» Sans la moindre hésitation, j'en fais l'acquisition et rentre à la maison au pas de course. La maison est vide, heureusement. Je m'installe confortablement sur ma chaise et relis la promesse de la première page. Aussitôt, un rayonnement venu d'en bas fait monter sur mon visage une buée de chaleur et de couleur. Sans perdre un seul instant. je tourne la page, m'attendant à retrouver en photo ce que j'avais eu le bonheur d'entrevoir en nature. Contrairement à ce que j'avais rêvé trouver, c'est-à-dire la nudité vue de face, je découvre l'image d'un vieux monsieur tenant un appareil de photo dans ses mains. Je ne comprends pas. Il y a sûrement une erreur. La page couverture promettait bien de révéler *ce qu'il y a DEVANT?*

En lisant la légende je comprends la supercherie: *«Tel que promis nous vous montrons ce qu'il y a DEVANT la superbe créature de notre première page.»*

Cet attrape-gogo ne fait qu'attiser mon soudain besoin d'éducation en matière d'anatomie féminine. Il faudra bien que je trouve un moyen d'arriver à mes fins...

chapitre

... comme dans ORIGINES

On ne devrait jamais avoir
honte de ses ORIGINES.
C'est ça qui fait la force
d'un peuple.

Laure Conan

Pendant ce temps, la vie continue.

Les Lituaniens exilés à Paris se retrouvent maintenant chaque dimanche dans une petite chapelle sise au 42, rue de Grenelle, à la maison mère des jésuites, où vivent deux prêtres originaires de notre pays, les pères Kulbis et Kubilius. Mon fracassant congédiement de l'Église Saint-Pierre de Montrouge ne semble pas avoir été répercuté dans les milieux ecclésiastiques, car je suis mobilisé sur-le-champ comme servant de messe principal! Comme la grand messe est célébrée tous les dimanches à onze heures, plus de danger que je m'endorme durant l'exercice de mes fonctions.

Le contact des deux prêtres me fait découvrir des horizons insoupçonnés. Le père Kulbis, un scout invétéré, m'engage dans le scoutisme. J'aime ma nouvelle chemise kaki chamarrée d'insignes et de décorations. Vêtu d'un grand chapeau, j'apprends à apprécier les animaux et la nature. Le père Kubilius. lui, est un homme d'un tout autre acabit. Partout autour de lui, il distribue du bonheur, car du bonheur, il semble en avoir plein les mains. C'est un être qui a beaucoup souffert. Malgré ses expériences douloureuses du passé, il conserve une joie de vivre à toute épreuve. Je ne me lasse pas de l'entendre commenter l'actualité à l'égard de laquelle il a une attitude toujours très optimiste. Il parle rarement du ciel, de Dieu et du péché. C'est un homme d'une grande simplicité. Il vient d'être ordonné prêtre récemment. Durant la guerre, il était séminariste en France et, lors de l'occupation allemande, a fait partie d'un groupe de résistants au sein duquel travaillait un certain Jean Moulin, dont on commence à beaucoup entendre parler.

Un jour, alors qu'il se sent en verve, le père Kubilius accepte de me narrer un de ses exploits dans l'«Armée des ombres» — la Résistance.

— Dans notre groupe, nous étions deux jeunes séminaristes engagés à lutter contre l'occupant allemand, dit-il le visage épanoui. Or, un jour, on nous apprend qu'un parachutiste américain venait d'être arrêté par les Allemands. L'aviateur était gardé en captivité dans l'école d'un petit village où les soldats de la Wermacht avaient établi leurs quartiers généraux. Notre mission, à mon collègue et moi, était de trouver un moyen de libérer ce combattant allié. Le problème était de taille. Selon nos renseignements, les geôliers n'étaient qu'une poignée. Le risque était tout de même très grand. La solution qui nous parut convenir le mieux à la périlleuse opération, en était une sans violence. La stratégie que mon copain et moi avons imaginée était plutôt insolite. Nous nous sommes rasés de très près, avons revêtu la robe des sœurs de Saint-Vincent-de-Paul avec leur impressionnante cornette, avons rempli nos cabas de bouteilles de champagne et sommes allés, à vélo — la frousse au ventre — frapper à la porte de la geôle improvisée. Surpris de voir deux religieuses venir les visiter à une heure si tardive, les Allemands ont ouvert sans trop de méfiance:

— *Gutten abend meine Schwester. Was wollen Sie?* Qué foulez fou ma zoeur? dit la sentinelle.

— Nous aimerions fêter avec vous votre arrivée en France et vous montrer que nous sommes de tout cœur avec vous, dis-je en mettant beaucoup de conviction dans ma voix.

Pendant ce temps, mon compagnon gardait prudemment le silence, car sa voix était beaucoup plus virile que la mienne et aurait pu semer le doute.

— *Aber warum*, ma zoeur?

— Parce que nous vous aimons. Toutes les religieuses de France vous apprécient. Le peuple de France vous aime. L'église de France vous ouvre grandes ses portes. Dieu est avec vous! C'est bien ce qui est écrit sur la boucle de votre ceinturon: «*Got mit uns* », non?

Les autres soldats, qui jusqu'ici s'étaient tenus à l'écart, se sont aussitôt rassemblés autour de nous pour répéter en chœur: «*Ja, Ja, Ja*!» Sur ces mots d'encouragement, mon copain et moi avons commencé à sortir les bouteilles de champagne.

— Trinquons à la victoire! Trinquons à l'amitié! clamais-je avec aplomb, sachant que la moindre hésitation de notre part pouvait nous être fatale.

Gagnés par la contagion de l'allégresse, tous les soldats trinquent maintenant à l'amitié inespérée qui leur tombe dessus comme sainte révélation.

— *Die Schwester* vrançaises *sind alle ganz verrückt*! Gomblétement folles! Fous, ma zoeur zont folles! affirmaient-ils avec des rires porcins, sans se douter que, pendant les joyeuses libations copieusement arrosées de champagne, subrepticement, les petites servantes de Dieu avaient réussi à ouvrir la porte arrière de la maison pour laisser s'envoler dans la nature, tel un ange, le brave parachutiste américain…

Voilà de quelle trempe est le père Kubilius. Il me subjugue. Débordant d'imagination, jamais pris au dépourvu, toujours joyeux, plein de sagesse, dans cette existence de restriction, de pauvreté et de grisaille de l'après-guerre, il devient rapidement pour moi un modèle.

Dans la cour de la chapelle, tous les dimanches, les exilés se réunissent pour communier dans la même foi, la même misère en entretenant l'espoir de voir venir des jours meilleurs et un retour prochain dans leur pays natal. Ils sont encore persuadés que leur exil français sera de courte durée. Bien que la même petite flamme brûle au fond de moi, je commence cependant à ressentir un certain malaise. Mon intuition me dit qu'il me faudra sans doute choisir bientôt entre deux patries, celle où je suis né et celle où j'aurai grandi. Je ne supporte pas de vivre ainsi, comme eux, entre deux chaises. Je refuse d'être un naufragé le reste de ma vie. Mon passé affiche complet. C'est une question de vie ou de mort: dois-je tourner le dos à ce qui a été et m'engager résolument, tête première, dans ma nouvelle vie française? J'en parle au père Kubilius. Sa sage vision du monde devrait m'aider.

— Tu as raison, dit-il. Fais-toi ton nid ici. Mais n'oublie surtout pas pour autant ton pays d'origine. Les hommes sont comme les arbres (tiens, il me rappelle ma tante Suzanne), ils ont besoin de racines. Ne coupe surtout pas tes racines. Souviens-toi que lorsqu'on les coupe elles ne repoussent pas. Jamais tu ne seras comme ceux qui sont nés ici. Tu seras TOU-JOURS différent. Et c'est tant mieux: ce sera ta force!

Je m'en souviendrai.

chapitre

... comme dans PANTALON

*Ce n'est pas parce que tu
portes un PANTALON que
tu es un homme!*

Loïc Pageau

Grâce aux bons offices du père Kubilius, des organisations de bienfaisance désireuses de venir au secours des exilés commencent à nous offrir des vêtements. Il s'agit principalement de la BALF (*Baltic Found*), qui recrute les dons aux États-Unis auprès d'un groupe d'Américains d'origine lituanienne. Les vêtements sont exposés dans une vaste salle où chacun peut choisir librement ce qui lui convient. Notre joie est sans nom. Nous pourrons enfin nous vêtir convenablement. En ce qui me concerne, je ne suis pas prêt d'oublier cette journée où la manne nous tombe du ciel providentiellement. Non, je ne l'oublierai pas tant que je vivrai, car je reçois ce jour-là le premier pantalon LONG de ma vie! L'objet de mon bonheur est de couleur bleue. Autre qualité: il est en gabardine, un matériel qu'on ne trouve, paraît-il, qu'en Amérique. Doux au toucher, il est très agréable à porter. Avec la petite retouche que lui fait ma mère, il me sied parfaitement. D'ailleurs, il paraît neuf. Si son propriétaire a pris la décision de s'en départir, c'est sûrement à cause d'une longue déchirure juste au-dessus du genoux que quelqu'un a tenté, semble-t-il, de repriser sans grand succès. Quand je marche — surtout vite — rien ne paraît. Je me laisse persuader que, même au repos, seul un œil averti peut déceler l'imperfection. D'ailleurs, pour tromper l'ennemi, j'ai une solution infaillible. Lorsque je m'assieds, je croise rapidement les jambes et le tour est joué. Ma jambe gauche recouvre complètement la défectuosité du précieux vêtement qui me donne enfin l'impression d'avoir atteint le rang des adultes.

Une étape décisive qui révolutionnera sûrement tout mon avenir.

J'ai aussi la joie de trouver une paire de souliers. Ils sont un peu grands, mais en mettant du papier au bout, mes pieds se trouvent plus à l'aise que dans les chaussures que je porte habituellement et qui sont toujours trop petites pour ma pointure. Avec le temps, ces précieuses godasses finiront par m'aller. De quoi ai-je à me plaindre?

cha**Q**itre

… comme dans QUITTER

> *Les êtres nous deviennent*
> *insupportables dès que nous*
> *sommes sûrs de pouvoir les*
> *QUITTER.*
>
> François Mauriac

Voici qu'arrive une nouvelle période trouble.

La tante Kiss, qui a perdu Igor mais pas ses habitudes de médecin, fait irruption à la maison. La pauvre a troqué son uniforme militaire contre une robe de couleur grise comme sa peau. Elle est amaigrie. De vilains cernes mauves lui donnent un air macabre.

— Il faut bien que la vie continue, nous dit-elle en guise d'introduction.

Mon père lui verse un petit verre de monbazillac. Elle en redemande.

Pour noyer son chagrin bien plus que pour trinquer à nos retrouvailles. Elle a traîné avec elle sa trousse de médecin dont, il n'y a pas très longtemps, j'avais la garde. Je comprends que l'hallali vient de sonner:

— Viens par ici mon grand, me dit-elle. Je n'aime pas trop ta toux.

Une fois de plus j'ai droit à une auscultation en règle.

— Dis: trente-trois… Encore… Encore. Tire ta langue. C'est bien. Montre-moi ta gorge. Oui, bon, un jour il faudra bien qu'on te les enlève, tes amygdales. Tourne-toi. Penche toi. Ça te fait mal quand je t'appuie là? Dis trente-trois. Encore une fois…

Que va-t-elle encore me trouver? La mise au courant est rapide et succincte:

— Je t'emmène à l'hôpital avec moi. On va te faire passer une radio!

Sitôt dit, sitôt fait. Avec elle c'est sans recours.

Et moi, j'attendais un satisfecit…

À l'hôpital, elle est connue de tous. Nous passons en priorité devant tout le monde. Au service des rayons X, la radio est faite en un tournemain. La tante Kiss l'examine attentivement avec un confrère barbu qu'elle appelle «Professeur». Ils semblent s'accorder sur le diagnostic.

Nous revenons aussitôt à la maison où la tante annonce, d'un air très préoccupé et sans ménagement, ce qu'elle vient de découvrir:

— Si on attend trop, il lui faudra peut-être aller dans un sanatorium. Pour l'instant, c'est l'étape d'avant: le préventorium… ou, à la limite, deux bons mois dans une maison de repos à la montagne, le temps de voir comment tout ça va évoluer…

Elle ponctue ce jugement lapidaire d'une franche bourrade sur mes épaules que je croyais pourtant invincibles.

Les arrangements sont faits sur-le-champ, afin que je parte dès le lendemain pour Megève, en Haute-Savoie. Dans mon baluchon, j'emporte un mandat-poste pour payer une partie du séjour ainsi qu'une longue lettre de recommandation assortie d'une série d'ordonnances. Et, dans ma tête, une énorme appréhension. Je m'efforce de chasser mon angoisse en repensant aux judicieux conseils de marraine: «Il n'y a qu'aujourd'hui qui compte!»

L'institution, qui porte d'ailleurs un nom prédestiné, «Mon Repos», se trouve à flanc de montagne. Elle est entourée de larges forêts de sapins et de vastes champs verdoyants où paissent des vaches munies de clochettes. Hormis le meuglement et le bruit des grelots du troupeau des laitières languides, c'est le silence complet. L'air est pur et frais. À chaque respiration je me sens vivifié. La maison abrite une douzaine d'éclopés dans mon genre avec lesquels je me lie rapidement d'amitié. Le malheur rapproche. Ici, le régime est strict: repos, repos et encore repos. Siestes sans fin dans une atmosphère feutrée. Les courses sont interdites. Les escalades et autres ascensions sont également à oublier. Seules de brèves promenades dans les champs avoisinants sont autorisées, à condition qu'elles s'effectuent à pas de tortue. Autrement dit, je suis condamné à vivre dans un ennui mortel. Du coup, les journées me paraissent interminables. J'espère au moins qu'elles me seront bénéfiques.

Le médecin de service, qui nous visite tous les deux jours, est d'une discrétion absolue. Pas moyen de lui arracher la moindre confidence. Je me rassure en me disant que si ma santé n'allait pas, il me le dirait.

J'accepte de vivre au ralenti en me laissant glisser.

Au bout de six semaines de retraite, je reçois un coup de fil de mon père:

— Tante Kiss a parlé au médecin de Megève: il est d'avis que ta cure a réussi. Tout danger est donc écarté pour l'instant. L'école reprend dans quinze jours. Il serait bon que tu reviennes. Demande aux responsables de te conduire au train dimanche prochain. Qu'ils te donnent la facture et je la règlerai à ton retour.

Je préviens le propriétaire de la maison de santé. Il accepte de me reconduire au train mais à une seule condition: la facture doit être acquittée avant le départ! Le règlement, c'est le règlement... La maison ne fait pas d'exceptions!

La situation est absurde et sans issue. Impossible de contacter mon père, car nous n'avons pas le téléphone. Le téléphone est l'apanage des riches.

— On te garde ici jusqu'à ce qu'on aie vu la couleur des sous! annonce le patron d'un air désabusé.

C'est clair et sans appel. On me garde en otage.

Il ne me reste qu'un recours: le télégramme. L'intraitable directeur condescend à me conduire jusqu'au bureau de poste de Megève. Je n'ai que quelques sous en poche, ce qui est sans doute insuffisant pour couvrir les frais de la communication, obligatoirement facturée au mot. Le problème réside dans le fait que la situation dans laquelle je suis plongé ne se résume pas en deux mots.

Au bureau de poste, le préposé me renseigne sur les coûts. Ils sont exorbitants pour mes moyens. Un vrai délire. Je tente tout de même de rédiger le message le plus succinct possible, je compte les mots, je les multiplie par le tarif annoncé, conclusion: je n'ai absolument pas les moyens d'envoyer mon message. J'en parle à l'acariâtre directeur qui reste de marbre:

— Débrouille-toi comme tu veux, dit-il d'un air grincheux. Moi, je n'ai pas un sou à te prêter! Non, mais! Il n'y aurait plus de fin!

Il faut pourtant que je trouve une solution. Il est clair qu'elle ne viendra pas des autres.

Soudain, j'ai une idée.

Il n'est pas interdit d'envoyer un télégramme en langue étrangère, que je sache? Je décide donc de rédiger mon message en lituanien.

Ce sera sans aucun doute le télégramme le plus sibyllin composé des mots les plus longs jamais envoyés dans l'histoire des PTT de France:

«*Direktoriusnenorimaneisleisti prasauatsiustijampinigus kogreiciau.* »

Ce qui se traduirait en français par:

Mon certificat de naissance lituanien, au dos duquel figuraient trois adresses: la nôtre à Kaunas, celle d'un parent en Pologne et celle du frère de mon père, Alec Stonkus, caricaturiste à Marseille. Ce document, qui attestait mon existence «légale», m'a suivi tout au long de nos pénibles déplacements, d'un camp de concentration à l'autre.

Nos premiers bienfaiteurs familiaux en France: le couple à gauche, l'architecte André de Stankewitch et son épouse Suzanne. On me voit ici au premier rang, à droite, en compagnie d'enfants de mon âge. La deuxième petite fille du premier rang fut mon premier grand amour!

La tante Kiss, médecin et officier dans l'armée française. Ce dragon au cœur d'or exigeait une obéissance totale.

Le vénérable oncle Buquet dans le jardin de sa propriété à la fin de ses jours. Il mourut presque centenaire malgré ses démêlés avec le cancer. Cette longévité serait-elle due à son régime très particulier, basé sur celui des chimpanzés?

Eh oui! 102 fautes… un aveu signé par l'auteur qui, depuis, fait d'immenses efforts pour ne pas récidiver.

CARTE POSTALE

Mon chér tante je avais était dans un colonnie de vacances en trinite sur mer. Et je vrait à l'ecole je suit dans 1 classe dans un dictée je fait 1-0-2 fautes. Alex

G. Artaud, éditeur, av. de la Close - Nantes

Edition Gaby
Marque déposée

Pour mon chér tante. Alex. Paris.

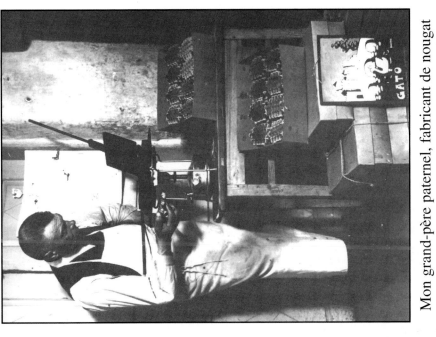

Mon grand-père paternel, fabricant de nougat à Montélimar, confectionnait aussi d'autres friandises, comme ces gaufres à la belge.

Sur la Canebière, Té! mon bong… Mon père (à droite) et son frère, Alec Stonkus, caricaturiste et auteur de bandes dessinées dans le plus grand quotidien marseillais.

À l'époque où, en France, on aimait multiplier les moyens d'identifier les gens, mêmes les élèves.

Le bon père Kubilius, s.j., pasteur génial et résistant à la barbarie nazie.

J'ai rarement vu mon père sans un livre à la main…

Le jeune homme qui multiplie ses prestations comme illustrateur, publicitaire et autres métiers connexes, se contente de passer près des banques sans s'y arrêter, car, vu ses maigres profits, sa serviette est vide!

Mon frère Louis, dit Loulou, absorbé par sa chère collection de timbres.

Vacances-travail à Port-Cros, en compagnie de mon frère Louis, sur le petit voilier avec lequel j'ai failli me retrouver en Afrique… À l'arrière-plan, le «Château François 1er», où étaient logés les étudiants de la Conférence Olivaint.

Toujours à Port-Cros. L'un des trous occasionnés par les obus dans les murailles du château que j'ai contribué, dans une modeste mesure, à reconstruire. C'était mon observatoire favori pour observer les lézards mélomanes.

Quinze ans. Une
envie folle de vivre.
De vertes espérances.
À la conquête de
Paris…

Photo prise en classe à Saint-Sulpice.
Dans un autre cliché, le garçon de
droite copiait sur son voisin. À sa
demande, je l'ai fait disparaître...

Quelques affiches conçues pour le Ciné-club du Quartier latin.

Sur le boulevard Saint-Michel, près des Arènes de Lutèce. Mes trois copines et moi portions des livres de classe, mais le genre d'études que nous poursuivions (sans pouvoir souvent les rattraper) ne figurait pas toujours dans ces manuels…

«Je m'voyais déjà…» ou la fièvre du cinéma.
Imitation de Stan Laurel à l'époque du
«plus jeune fantaisiste de France».

«Les Deux barbus» encadrant leur producteur, M. Morgin, déguisé en «dangereux» (bien sûr) membre des Triades chinoises. Nos moyens de maquillage étaient si limités que nous utilisions des boucs postiches et que les moustaches de notre faux Asiatique (mais vrai Hongrois) étaient dessinées au crayon.

La Fravili Films ne recule devant aucun sacrifice et loue un avion de tourisme. De gauche à droite: mon frère Louis, Jos «le pôvre étudiante», moi-même et Jean-Louis.

La tacot des Barbus a de légers problèmes de thermostat…

Les amateurs ont leurs vedettes

Ce ne sont pas seulement les nombreux touristes, une petite caméra au côté, guère plus volumineuse qu'un appareil photographique, qui font du cinéma « amateur ». Des groupes de passionnés se cotisent pour se procurer appareils de prise de vues et de

Une séquence cruciale (revolver en poche, accordéon à la main) avec Alain Stanké, réalisateur et acteur... de « Les Barbus déménagent », court métrage amateur.

projection et même de tirage, et jouant le rôle de producteurs, de metteurs en scène, de décorateurs, de scénaristes... et d'artistes, s'amusent à confectionner des films qui ne sont pas seulement des albums animés de souvenirs de vacances ou de famille. Evidemment il s'agit de courts métrages. Et l'histoire charmante qui vient d'arriver à un groupe de jeunes gens, cinéastes amateurs du XIVe arrondissement, vaut d'être racontée. Nos 123 cinéastes groupés en un « Ciné-club Favili », s'étaient tous cotisés sur l'initiative d'Alain Stanké et de Jean-Louis Morgin, qui n'ont pas quarante ans à eux deux, pour acheter le matériel en 16

mm. nécessaire au tournage, au développement et à la projection d'une première production modestement intitulée : « Les Barbus déménagent ». Longueur de la réalisation : 450 mètres, coût de la pellicule : 20.000 francs, frais divers : 10.000. Il faut croire que « Les Barbus déménagent » sont très séduisants puisque, projetés devant un groupe de notables du XIVe, ceux-ci firent en sorte, après s'être cotisés à leur tour, que chacun des 123 adhérents reçoive la somme de 1.000 francs. Voilà un film... qui a remboursé ses juvéniles commanditaires...

Une vedette devient productrice

(*Suite de la page 116*)

ce fut un veto général, le sujet, disait-on, était trop épineux pour être porté à l'écran. Mais Ida Lupino et son associé Anson Bond ne l'entendaient pas ainsi. Le scénario leur plaisait et rien ne pouvait les arrêter.

Quand nous eûmes lu le scénario, nous étions emballés, nous dit miss Lupino. C'est l'émouvante et pathétique histoire d'un amour malheureux, tel qu'il existe dans la réalité en de milliers d'exemplaires et qui détruit tant de vies innocentes et de foyers heureux. Nous avons franchement et honnêtement dépeint les vicissitudes de la fillemre, en rejetant tout ce que le sujet pouvait offrir de mélodramatique. A aucun moment le mauvais goût ne prend le dessus, malgré le réalisme du film.

La célèbre vedette — qui, précisons-le, se contente d'être producteur et ne paraît pas à l'écran — alla se documenter sur place, visitant les maternités et les centres d'accueil pour filles-mères.

Les directeurs de ces charitables institutions ont tous été unanimes à proclamer que l'œuvre que j'entreprenais était un devoir national.

La consécration: un article dans le magazine *Ciné-Digest*.

Photo historique: en tête de la famille, j'escalade la passerelle du *S.S. Nelly*, qui nous amènera de Brème à Halifax.

FORMULE Mᵗᵒ D nᵒ 7207

DÉCLARATION-AUTORISATION DE SORTIE

VALIDITÉ 1 MOIS ET POUR UN SEUL VOYAGE

RÉSERVÉ A L'INTERMÉDIAIRE AGRÉÉ   Réf. 2001 DG — H.T. 9-47

THE ROYAL BANK OF CANADA (France)   Agence de   PARIS 3 rue Scribe
(Raison sociale de l'intermédiaire agréé)   atteste avoir délivré à

M onsieur Aloysac STANKEVICIUS _____ accompagné de ⁽¹⁾ | personnes de de | personnes de
(Nom et prénoms) | plus de 15 ans | moins de 15 ans

Nationalité : ___ lithuanienne
Adresse : __ 11 ave du Gal Leclerc PARIS. 14º
Profession : ___ étudiant
Se rendant à ___ au Canada _____ par _____ muni du passeport Nº 2107
(pays de destination et de transit s'il y a lieu)

1 — les instruments de paiement suivants, avec autorisation de les exporter :
 _____ billets de banque ⁽²⁾ TRENTE DOLLARS CANADIENS (30)
 _____ chèques - lettres de crédit ⁽²⁾

2 — un virement de ⁽²⁾

3 — l'autorisation d'acheter contre francs français, à une Agence de voyages ou à
 une Compagnie de navigation aérienne ou maritime en France :   CACHET
 un bon de passage *(Aller, et, retour)* pour _____   DE L'INTERMÉDIAIRE
                                       (pays et ville de destination)   AGRÉÉ
 des bons d'échange à concurrence de francs français : *(Somme en lettres)*

          L'intéressé nous a déclaré devoir séjourner _____ *jours*
à l'étranger pour ⁽³⁾ __ émigration   -8 MAI 1951
 A ____ PARIS _____ le 8.5.1951 __ 19

1. — A préciser si cette déclaration est utilisée pour plusieurs personnes figurant sur un seul passeport collectif.
2. — Indiquez la nature de la devise, la somme en lettres et, entre parenthèses, la somme en chiffres.
3. — Indiquez le motif du voyage.

RÉSERVÉ AU VOYAGEUR

  Le soussigné déclare exporter le montant exact des devises étrangères   Lisez attentivement
et bons d'échange mentionnés ci-dessus à l'exclusion de tous autres instruments   la NOTICE imprimée
de paiement, valeurs mobilières, titres et matières d'or.   au verso de cette
                                                        déclaration.
                                                        SIGNATURE :

          Apposez votre signature **avant** ➝
                le passage à la douane ➝

Trente dollars pour commencer une nouvelle vie au Canada!

Avec ma mère (à gauche) et une charmante
compatriote, à bord du *S.S. Nelly.*

Mon père et moi (quatrième et cinquième à partir de la gauche) en
compagnie d'autres émigrants sur le pont du bateau qui nous rapproche
de notre nouvelle patrie.

«*Ledirecteurrefusedemelaisserpartir veuillezenvoyerl'argent leplusrapidementpossible.*»

Lorsque je tends ma feuille à l'employé des postes, celui-ci n'en croit pas ses yeux.

— Ça veut dire quoi ce charabia?

— C'est un message en lituanien.

— En quoi?

— En lituanien! Monsieur. On n'est pas obligé de rédiger les télégrammes en français j'espère? Si tel était le cas, on aurait un problème, parce que la personne à qui je l'adresse ne comprend pas le français.

Je suis en plein sur le terrain de la «Liberté-égalité-fraternité». Mon homme est coincé.

Visiblement sidéré il veut en savoir plus:

— Et tu parles cette langue-là, toi?

— Je redresse la tête et dis avec bravade:

— Oui, M'sieu, j'en parle même quatre autres!

L'homme marque un instant de surprise. Une légère lueur d'anxiété passe dans son regard. Puis il sourit et dit:

— Ça doit être vachement dur à apprendre, dis donc. Vos mots sont tous longs comme ça?

— Oui, mais vous, les Français, vous en avez aussi des mots très longs. Tiens: anticonstitutionnellement, par exemple, c'est un mot qui a quand même 25 lettres!

Mon dernier argument laisse l'employé des postes interloqué. Tout en réfléchissant à ce que je viens de dire, il flanque un gros coup de tampon et, c'est parti... Ou presque, car il a une autre question:

— Dis donc, tu ne le signes pas ton télégramme?

J'hésite un moment. Je pense à l'argent.

— ... Parce qu'une signature c'est gratuit, tu sais! précise-t-il.

— Dans ce cas, pourquoi se priver?

Je reprends le crayon et, avec un geste magnanime de quelqu'un qui ne regarde pas à la dépense j'inscris: ALAIN.

Mon père (sûrement très fier de l'astuce de son fils) fait parvenir un mandat postal juste à temps pour que je puisse attraper le train du retour.

La rentrée des classes arrive dans quelques jours. Je ne retournerai plus à l'Externat Saint-Pierre. Mon père vient de faire mon inscription au collège Saint-Sulpice.

chaRitre

… comme dans RÉUSSITE

Il y a des moments où on
RÉUSSIT tout. Il ne faut pas
s'effrayer, ça passe.
                    Jules Renard

Adieu la petite école. Bonjour le collège! Saint-Sulpice, une maison d'enseignement dirigée par les bons Sulpiciens, a excellente réputation. Il y règne une discipline rigoureuse héritée de leur célèbre fondateur le Père Olier. Une discipline qui ne me déplaît pas.

«Tout le monde en rang», «Silence! On ne parle pas. On ne chuchote pas. On se tait!», «Si votre moyenne est trop basse on ne vous gardera pas!», sont des avertissements qu'on nous répète tous les jours. Chaque vendredi après-midi, la classe cesse ses activités afin de se consacrer à la confession qui, bien que facultative, est fortement conseillée si on ne veut pas se distinguer de la majorité catholique et pratiquante. Par contre, aucune absence n'est tolérée à la messe du premier vendredi du mois qui est célébrée dans la chapelle attenante à l'école.

Si tous les garçons acceptent de se confesser, ce n'est pas tant par dévotion ni bigoterie que pour pouvoir échapper quelques instants aux études. La vraie bénédiction du ciel nous arrive le jour où un curieux abbé fait son apparition en classe. L'homme est vêtu d'une vieille soutane empoussiérée. Il est grand, vieux, sec, cachectique, affligé et — voilà la plus grande de ses qualités — il est constamment endormi. Avec pareil attribut, il est aussitôt adopté à l'unanimité. Lorsqu'arrive le moment des confessions, c'est pain béni pour tout le monde. On n'arrive pas à contenir notre enthousiasme. Nos professeurs, tous des laïques mais catholiques distingués sont chaque fois étonnés de nous voir aussi impatients à confesser nos péchés. Notre apparente ferveur les rassure visiblement sur l'avenir de la pauvre France, un avenir qui, notre classe mise à part, dénote un anticléricalisme inquiétant.

Le brave servant de Dieu fait descendre les intéressés (autant dire tout le monde) dans une grande salle vide, au milieu de laquelle il installe bien en vue sa chaise et un prie-Dieu où nous devons nous agenouiller pour mieux vider notre sac. Le sommeil le gagne généralement aussitôt que nous prononçons la traditionnelle entrée en matière: «Bénissez-moi mon père parce que j'ai péché!» À ce moment précis, le prêtre met sa main en cornet, ferme ses yeux pour bien montrer qu'il se concentre et, avant même que le pénitent ait eu le temps de lui confier sa première faute, ça y est: il a glissé corps et âme dans sa narcolepsie. Quelle merveilleuse occasion pour notre bande de rire à ses dépens! Notre jeu hebdomadaire consiste à le garder endormi le plus longtemps possible et à décerner le titre de «champion» au meilleur somnifère d'entre nous.

Dès les premiers signes de son naufrage, nous nous mettons à compter les secondes, presque à voix haute: «Un, deux, trois, quatre, etc.» jusqu'à ce qu'il rouvre ses yeux pour se rendre compte qu'il est «de service». À ce moment, il demande infailliblement au pénitent bien éveillé sur son agenouilloir: «Bon, c'est tout? Vous n'avez rien oublié? Dans ce cas, vous me réciterez une dizaine de chapelet. Allez, et ne péchez plus mon fils!» Aujourd'hui, je me sens dans une forme olympique pour remporter le championnat.

Par les semaines passées, à la grande surprise de la classe, j'ai déjà réussi à faire ronfler le vénérable disciple de la bande à Jésus durant quatre bonnes minutes. Une éternité durant laquelle j'étais parvenu à épuiser toute mon imagination. N'ayant plus aucun péché à inventer, j'ai répété les mêmes à deux ou trois reprises. Lassé, j'ai fini par émettre une série d'onomatopées et de gargouillis ressemblant davantage à des borborygmes qu'à un inventaire de mes peccadilles de jeune homme trop sage.

Pour l'heure, je sens que je vais me dépasser. En effet, j'ai fait le pari avec mes copains de glisser entre «je m'accuse d'avoir menti, mangé de la viande le vendredi (je n'en mangeais d'ailleurs que le dimanche), de m'être mis en colère, d'avoir commis des péchés de gourmandise (j'aurais bien aimé) et... d'avoir TUÉ UN HOMME!» Arrivera ce qui arrivera.

Mon confesseur dort à poings fermés. Il n'a cure de ma contrition et de mon repentir. En son absence, je suis branché directement avec le bon Dieu. Alors, le plus simplement du monde, je souffle à son oreille que j'ai commis le plus vilain des crimes qui soit: «J'AI TUÉ UN HOMME!» J'imagine que si je lui avais dit que saint Joseph en personne venait d'arriver à bicyclette, il n'aurait pas été davantage bouleversé. Il n'a ouvert les yeux que trente secondes après mon aveu en disant machinalement: «Pour votre pénitence, vous direz une dizaine de chapelet!»

Encouragé par mon titre de «champion de la confesse», je me sens attiré par cette nouvelle forme de délinquance. En ce domaine, je privilégie la spontanéité à la préméditation. On dirait que mes idées les plus farfelues me viennent instinctivement sur le terrain.

L'occasion de satisfaire mon irrépressible besoin de jouer une grande farce arrive le jour de la messe obligatoire, le premier vendredi du mois.

— Allez, tout le monde à la chapelle! ordonne le professeur.

D'un bond, chacun d'entre nous se lève et nous quittons la classe au pas de course en direction du lieu consacré au culte. En sortant, sans réellement savoir pourquoi, guidé sans doute par une force maléfique, j'empoigne machinalement la grande éponge qui nous sert à nettoyer le tableau noir. Quelques instants après, en passant près de l'abreuvoir, je plonge discrètement l'éponge dans l'eau. Je ne sais toujours pas ce que je vais en faire. L'idée ne me traverse l'esprit que lorsque je me retrouve dans le chœur de la chapelle, juste derrière le banc réservé au prêtre chargé d'orchestrer la cérémonie. Muni d'une petite claquette de bois, le responsable indique à l'assistance le moment où nous devons nous mettre à genoux, debout ou assis. L'homme, qui prend son rôle très au sérieux, se tient debout, raide comme un cierge. La mine renfrognée, il observe les élèves prendre leur place dans la maison de Dieu. Pendant qu'il a les yeux rivés sur l'assistance, j'en profite (inspiration du moment) pour passer derrière lui et déposer subrepticement sur son siège l'éponge gorgée d'eau. Après quoi, le plus inno- cemment du monde, je vais me placer avec les autres à l'en- droit réservé à notre classe.

La cérémonie commence. Au premier «clac» qui retentit, tout le monde se lève. «Clac, clac» deux fois: c'est signe qu'on doit se mettre à genoux. «Clac, clac, clac», c'est maintenant le moment de s'asseoir. Le prêtre au claquoir ne s'assied pas immédiatement. Il observe un moment pour voir si l'assemblée a bien suivi ses instructions puis, une fois rassuré, se laisse choir sur son siège avec une certaine onctuosité que lui com- mande son importante fonction.

On entend alors un petit «PSCHIT» comme dans la réclame de l'eau Perrier... L'étrange chuintement n'éveille aucun soupçon en lui. Le saint homme ne se rend compte du drame dont il vient d'être victime que quelques secondes plus tard lorsque l'eau, après avoir traversé le tissu, parvient à inonder ses fesses. Il se lève d'un coup sec. Sa soutane est mouillée. Son honneur est blessé. Comme il n'est pas discret, tout le monde est témoin du désastre. Mon voisin, qui est plié en deux remarque:

— Regardez, les mecs. On dirait qu'il a pissé dans sa soutane...

Un rire homérique secoue la nef de bord en bord.

Rouge de colère, l'imbibé quitte le chœur comme une flèche. Il n'y revient qu'une fois la cérémonie terminée, en bras de chemise et vêtu d'un pantalon.

«Mes chers amis, annonce-t-il aussitôt après le *Deo gracias*, ça ne se passera pas comme ça! Le coupable de cette plaisanterie doit se lever, avouer sa faute et s'excuser. S'il ne s'exécute pas IMMÉDIATEMENT, lorsqu'il sera découvert, il sera renvoyé de l'école!» Comme l'école ne me déplaît pas et que je ne tiens pas à la quitter, je reste coi.

Je confesserai ma faute vendredi prochain. Vu la pénitence que mon somnolent confesseur m'a imposée pour avoir tué un homme, je ne risque pas gros...

cha**p**itre

... comme dans SANTÉ

Je suis heureux parce que
c'est bon pour la SANTÉ.
Voltaire

J'aime mon collège de la rue d'Assas pour une autre raison. Il est voisin de l'Institut Sainte-Geneviève, une école réservée aux petites filles de bonne famille. Quatre fois par jour, notre horaire scolaire nous permet de croiser ces jolies demoiselles sur le trottoir commun aux deux institutions.

Une nouvelle occupation, fort divertissante, que je découvre avec mon nouveau copain, Marcel Couvignou. Je me suis lié d'amitié avec Marcel dès le jour de la rentrée. Il est grand, poli, propre, toujours impeccablement vêtu, et sait siffler en mettant ses doigts dans la bouche (ce que je ne suis jamais arrivé à faire). Il habite, lui aussi, avenue du Général-Leclerc, à deux pas de chez moi. Son père est commissaire de police. Il est chef de la brigade mondaine. Je ne sais pas trop ce que cela veut dire, mais je n'ai aucune raison de ne pas être impressionné. Marcel et moi formons un tandem inséparable. Quatre fois par jour, nous faisons ensemble les trajets maison-école-école-maison en échafaudant toutes sortes de plans. Quand nous ne sommes pas occupés à baratiner les filles, nous rêvons de cinéma. Nous sommes convaincus qu'un jour, à la fin de nos études, nous ferons une brillante carrière dans l'industrie cinématographique. Attention, Hollywood. On arrive! Afin de prendre une petite avance sur l'avenir, nous écrivons ensemble notre premier scénario. Une pathétique histoire d'amour mêlée à des coups de feu à laquelle nous donnons un titre accrocheur: *L'Ombre obsédante.* Pour prouver notre détermination, nous allons déposer le scénario auprès de *la Société des Gens de*

Lettres, dont nous devenons les plus jeunes membres. Nous n'avons que 14 ans. Un exploit chaleureusement applaudi par le préposé de l'organisme, persuadé que dans un avenir plus ou moins lointain il pourra se vanter d'avoir été le premier à rencontrer deux... géants de la littérature et du cinéma.

Bien que membres de la *Société des Gens de Lettres*, Marcel et moi, timides et maladroits, pratiquons un nouveau sport qui nous enchante: nous chassons les filles en équipe. À l'exemple des chasseurs de biches, qui se mettent courageusement à deux pour mieux se ruer sur leur proie, nous draguons aussi en paire. Surtout quand la demoiselle a la bonne idée ne pas être accompagnée par une copine. De cette façon, on n'est jamais à court de baratin. Quand l'un est à sec, l'autre prend le relais. Nos phrases d'introduction sont certes éculées mais ont tout de même le mérite de faire sourire nos «touches»:

«Vous habitez chez vos parents?» ou «Il me semble qu'on s'est déjà rencontré?», «Ce n'était pas chez...?»

Malheureusement, ça ne va jamais plus loin. Et quand bien même que ça irait plus loin, nous serions sûrement désemparés.

Un jour, alors que nous remontons ensemble le boulevard Raspail, j'aperçois une élégante jeune fille observant le monument de Rodin. À vrai dire, je ne sais pas comment le désigner, car si la statue est l'œuvre de Rodin, elle représente Balzac, et sur le socle on peut lire: «*À Balzac. À Rodin. Leurs admirateurs.*» Allez y comprendre quelque chose.

La jeune fille a des nattes blondes. Elle est très élégante et ne semble pas farouche. Nos regards se croisent. Elle me sourit. Quel baume! Marcel, gentleman jusqu'à l'os, me souffle doucement:

«Vas-y mon vieux, je pense que c'est pour toi. Je te laisse ta chance. Moi, je me tire. Tu me raconteras demain!»

Entre lui et moi, il n'y a pas le moindre sentiment de rivalité. Tel qu'annoncé, prouvant sa grande générosité, il traverse la rue et disparaît. À moi de jouer. Doucement, je m'approche de l'ange et risque une question:

— Vouuuus... vous aimez Rodin?

— Oh, yes! répond elle sans la moindre hésitation. *I love!* Il est fouuu-midabel!

Deuxième question. Elle n'est pas plus brillante que la première, mais il faut bien improviser:

— Vous êtes Anglaise, peut-être?

— Oui, dit-elle en décochant une œillade incendiaire. Ça se voit à mon accent, n'est-ce pas?

— Je le trouve très beau!

Et patati et patata... Sans que je ne m'en rende compte la conversation s'enchaîne avec une grande facilité. Vue de près, elle est encore plus belle. Elle a un petit visage rempli de taches de rousseur et des yeux immenses dont l'iris démesurée est d'un bleu que je n'avais encore jamais vu. J'apprends qu'elle se prénomme Nancy et, étant donné qu'elle vient à peine de s'installer en France, elle ne connaît personne à Paris.

— Ça me fait plaisir que vous parlez à moi, précise-t-elle, because ce n'est pas facile dans Paris quand on n'a pas de... z'amis.

Tiens, je devrais lui présenter mon chien qui a un <u>z</u>'an!

Nous déambulons ainsi en bavardant amicalement jusqu'au cimetière du Montparnasse. Sa démarche est chaloupée comme celle d'un mannequin de haute couture.

— Oh, je suis arrivée, dit-elle soudain. Métro Raspail. My *home* est juste là, dans ce immeuble.

— Ah oui?

— Oui, roucoule-t-elle, souveraine d'aisance.

Puis, après un bref silence elle ajoute:

— Ça vous plairait de monter chez moi?

L'invitation est tellement inattendue qu'elle me cloue sur place. Jamais je n'aurais imaginé que cela puisse être aussi… facile. Ma terre promise est désormais peuplée par une sauvageonne anglaise qui, le plus naturellement du monde, prend des initiatives. Soudainement, je me sens en éruption:

— Oui, lui dis-je. C'est une bonne idée. Je n'ai justement pas de devoirs aujourd'hui, alors je… Oui, ça me ferait bien plaisir.

Une langueur exquise se met à couler dans mon sang pendant que nous montons les étages. Le fait qu'il n'y ait pas d'ascenseur accentue mon ivresse. Un, deux, trois, quatre, cinq puis… six. Ouf! Parvenus au dernier étage, nous nous regardons, essoufflés. Je vis un moment filé d'or et de soie. Je ne sais pas ce qui m'attend. C'est la première fois que je…

— C'est haut! dit-elle ses yeux tout grands s'illuminant sur moi.

— C'est comme ça quand on veut atteindre le ciel, dis-je en clignant de l'œil.

Elle rit et, surprise, plutôt que de sortir une clé de sa poche elle sonne. Allons, bon. La porte s'ouvre et un monsieur à moustache apparaît. Moment de stupeur.

— *Hello Daddy, I want you to meet my new friend Alain…*

— Enchanté jeune homme! dit le papa. Voulez-vous vous donner la peine d'entrer? Nancy va nous faire un peu de thé…

Je suis galvanisé et, à bien y penser, sérieusement… soulagé.

En sirotant mon thé, je me demande comment le novice que je suis se serait débrouillé s'il n'y avait pas eu le papa. On a beau répéter que ces choses-là nous viennent tout naturellement, ça reste à prouver. J'ai hâte de voir la tête que Marcel va faire demain quand je lui raconterai — dans le menu! — mes ébats éthérés avec la petite Anglaise.

Je ne suis peut-être pas encore prêt pour la découverte de la volupté, mais mon père, lui, ne me trouve pas trop jeune pour m'initier au monde étrange de la prestidigitation. Il est fasciné par les tours de passe-passe, l'escamotage, l'illusionnisme et l'art de la manipulation. Devenu membre d'une société de prestidigitateurs professionnels, il a le privilège d'assister aux représentations hebdomadaires que ceux-ci organisent entre eux afin de partager leurs découvertes. Chaque membre du groupement a droit à un invité. J'ai donc l'honneur d'accompagner mon père. Les soirées auxquelles il me donne le privilège d'assister me ravissent. Je suis en admiration devant les tours de passe-passe, les cartes qui apparaissent, les cerceaux qui se soudent mystérieusement entre eux et les lapins que l'on extrait des gibus.

Pendant que se déroulent sous mes yeux les tours de magie, mon esprit et mon imagination travaillent à un rythme endiablé.

Très philosophe, mon père en profite pour m'instruire sur la vie:

— Comme tu vois, la prestidigitation est la preuve que, dans la vie, il ne faut jamais se fier aux apparences! Ce que l'on croit voir n'est pas toujours ce qui est... Ce n'est souvent rien qu'une illusion!

Je brûle de lui dire que cette vérité-là vient tout juste de m'apparaître sous les traits... d'une certaine petite Anglaise mais je préfère garder mon secret pour moi.

Les passions de mon père sont multiples et je lui suis reconnaissant de me les faire partager. Outre ses soirées de magie, il y a aussi celles, beaucoup plus mystérieuses, de la société des radiesthésistes à laquelle il a également adhéré.

Les radiations émises par certains corps, que capte une petite boule suspendue à un fil, ne sont pas faciles à comprendre. Cependant, les expériences auxquelles j'assiste me sidèrent.

— Pouvez-vous me dire, demande mon père à un collègue, dans quel pays se trouve la personne dont je vous montre ici une lettre que je viens tout juste de recevoir?

L'homme prend la page qu'on lui tend, place son pendule juste au-dessus et entreprend de capter les radiations. Une minute plus tard, il se redresse et annonce:

— Elle est en Allemagne.

Mon père confirme. C'est une lettre écrite par ma grand-mère. Tout le monde applaudit.

Des adeptes de la rhabdomancie viennent raconter aussi comment ils procèdent pour découvrir des sources, des mines et des trésors.

Je me sens très privilégié de pouvoir assister à ces soirées qui me sortent de la banalité quotidienne.

Mon intérêt n'est pas le même cependant quand mon père m'entraîne aux réunions d'un certain Raymond Duncan, une sorte de philosophe américain installé, rue de Seine, depuis une vingtaine d'années. Il est à la tête de ce qu'il appelle l'Académie. Sa sœur, Isadora, était, paraît-il, une danseuse bien connue en Amérique et en Europe dans les années vingt.

L'homme, qui a élu domicile dans la maison où habitait jadis George Sand, est vêtu d'une simple tunique blanche à l'antique et marche pieds nus. Ses discours ésotériques m'endorment. Je le trouve farfelu. Je préfère de beaucoup mes soirées de baguettes magiques et de pendules, même si elles sont un peu «professeur Tournesol». Mon père, lui, est à l'aise partout. Aussi bien chez les radiesthésistes et les prestidigitateurs que chez les philosophes avec qui il partage ses idées et ses dernières lectures. Je ne sais pas comment il fait. Il doit sûrement avoir une méthode pour multiplier le temps. En plus de son double emploi d'ingénieur et de professeur de mathématiques, il trouve le temps de lire, de corriger des devoirs, d'étudier l'espéranto, de toucher au pendule et à la baguette magique, d'écrire, de méditer et d'assister aux offices religieux. Le plus surprenant, c'est qu'il a toujours l'air détendu: jamais essoufflé, jamais à la course, constamment à notre disposition quand on a besoin de lui.

Un jour pourtant, il craque, mais sûrement pas de surmenage. Une fièvre monumentale le rive à son lit. Des maux de ventre insoutenables le torturent. Nous sommes désemparés. Le bon docteur Rappaport, notre fidèle médecin de famille, accourt à son chevet. Le diagnostic semble difficile à établir. Il faut faire des tests, subir des examens poussés. Conclusion: hospitalisation d'urgence à l'hôpital Necker. Deux brancardiers emportent mon père sur-le-champ. Le docteur Rappaport suit l'ambulance à bicyclette. Dans Paris, il ne se déplace qu'avec ce moyen de locomotion. Ma mère, mon frère et moi prenons le métro.

L'état de santé de mon père l'empêche de remplir le long questionnaire qu'exige le bureau d'admission. Comme ma mère ne comprend pas bien le français, c'est donc à moi et à mon frère que revient cette tâche incontournable qui, je ne sais pourquoi, revêt subitement une importance capitale. «Pas de papiers remplis, pas de soins pour le malade», semblent être les mots d'ordre. Le formulaire, lui, ressemble à un véritable interrogatoire de police. On veut tout savoir du présent et du passé du nouveau patient. À l'espace réservé à l'emploi qu'occupe le malade on inscrit «ingénieur radio, le jour et professeur de mathématiques à l'Association philotechnique, le soir». Le préposé fait une moue. Est-ce par admiration ou par moquerie? On ne le saura jamais. On n'a que faire de ses commentaires. À la colonne consacrée aux «emplois passés», (dont on ne saisit pas l'utilité), notre inscription est beaucoup plus longue. Nous y recopions intégralement le texte que mon père a fait imprimer sur sa carte de visite: «Ex-directeur de la station de Radio de Kaunas. Ex-directeur adjoint de l'École professionnelle de Kaunas. Ex-délégué de la Lituanie aux conférences internationales des radiocommunications.» Après avoir pris connaissance du dossier (et corrigé une faute d'orthographe) le stupide préposé en blouse blanche y va encore de son commentaire: «Ah ben! mon vieux...» dit-il.

Nous sommes autorisés maintenant à nous rendre à la chambre du patient «mais, attention: pas plus que cinq minutes!» précise-t-il. Mon père est au plus mal. D'une pâleur cadavérique, il a peine à respirer.

«Laissez-nous seuls avec lui, dit le médecin de garde. On va tenter de savoir ce qu'il a...»

Des jours et des jours passent, au cours desquels son état empire. Au bout de la semaine, il n'est plus le même. Livide, amaigri, les yeux mi-clos, il ne dit plus un mot. J'ai même l'impression qu'il ne nous reconnaît plus. Notre ami, le docteur Rappaport, nous informe que, incapables d'établir un diagnostic, ses confrères nagent dans le mystère le plus complet. Tout ce qu'on sait, c'est que chaque jour qui passe voit son état empirer. Pas besoin d'être devin pour conclure qu'à ce rythme-là, il n'en a plus pour très longtemps. Du matin au soir, une insupportable inquiétude macère en moi. L'idée de devenir orphelin me révolte. Ma vue est brouillée par une brume permanente. Quand j'observe l'inquiétude de ma mère, mon anxiété devient alors plus intolérable encore. Bientôt, toutes mes réserves personnelles seront épuisées.

«Les enfants, nous rassure ma mère, Dieu ne nous laissera pas tomber. Ayons confiance. Si les médecins ne peuvent pas aider papa, Dieu s'en occupera! Je sais ce que je dis! Tout ce qu'il nous demande, c'est de prier. Prier très, très fort pour faire arriver le miracle qui va le sauver!»

Elle nous confie qu'une de ses amies lui a conseillé de se rendre rue du Bac, à la *Chapelle Notre-Dame de la médaille miraculeuse*, où s'accomplissent paraît-il, les miracles les plus inattendus.

«Les bolcheviks ne nous ont pas eus! Les nazis ne nous ont pas eus! Ce n'est pas un petit microbe de rien qui va nous avoir!» affirme-t-elle déterminée à gagner la bataille.

Toutes affaires cessantes, mon frère, ma mère et moi, nous nous rendons au sanctuaire recommandé afin d'y déposer notre requête, prier et attendre les preuves d'une intervention divine bienveillante.

«*Venez au pied de cet autel*, lit-on sur une inscription de la chapelle, *là, les grâces seront répandues sur tous.*»

Un vieux fauteuil est exposé à la vue des fidèles du côté droit de la Chapelle. C'est sur ce siège qu'en 1830 la Vierge Marie serait apparue à Sœur Catherine Labouré, dont le corps est exposé ici même, dans une châsse.

À genoux, près du fauteuil, nous prions tous trois la Vierge, la religieuse et tous les saints afin qu'ils intercèdent pour nous et obtiennent la guérison de papa. En sortant du temple, nous allons prendre une «médaille miraculeuse» que ma mère tient à épingler sur la camisole blanche de notre père. À notre arrivée dans sa chambre, nous avons la mauvaise surprise de nous retrouver nez à nez avec un aumônier sur le point d'administrer l'extrême-onction au malade que les médecins désespèrent de sauver. Habituellement très respectueuse des ecclésiastiques, ma mère repousse cavalièrement l'officiant, souffle la bougie qu'il tient dans la main et, d'un geste décidé, va accrocher la médaille miraculeuse sur mon père, comme une bouée de sauvetage que l'on tendrait à un homme sur le point de se noyer.

J'ai toujours eu, avec le ciel et ses représentants sur terre, une relation plutôt équivoque. Lorsque j'étais tout petit, je me souviens avoir fait appel à Dieu plusieurs fois dans mes pires moments de détresse. Enkysté dans mon désespoir, j'avais alors imploré le secours du petit Jésus, de son père, de sa mère et de tout leur céleste entourage. J'avais beau me signer sans arrêt et m'asperger d'eau bénite, rien ne fonctionnait. Ils avaient tous fait la sourde oreille à mes supplices. Dévasté par la mort possible de mon père, je décide de passer l'éponge sur mes malheureuses expériences du passé, et donner ainsi la chance à la Divinité de se manifester enfin en accordant, cette fois, la guérison à l'un des deux êtres les plus chers de ma vie.

Le prêtre n'insiste pas. Il remballe ses outils et quitte la chambre, nous laissant seuls avec le mourant. Pendant ce temps, notre malade semble plongé dans un profond sommeil. Nous ajustons nos respirations à la sienne, qui est lente et saccadée. Il ne va pas mieux mais il ne semble pas aller plus mal. Son état paraît stabilisé.

«Rentrez chez vous et reposez-vous un peu, conseille le médecin. S'il y avait quelque chose d'urgent, je vous téléphonerai.»

Malheureusement nous n'avons pas le téléphone. Nous ferons donc la vigie chacun à tour de rôle.

Deux jours plus tard, ma mère revient de l'hôpital avec une nouvelle surprenante:

«Ça y est, les enfants! clame-t-elle ivre de joie. Nous avons été entendus! Je le savais. Je vous l'avais dit! Votre père va mieux. Il m'a parlé. Il m'a souri. Son mal s'en va. Continuons surtout à prier!»

Les médecins ne savent toujours pas ce qu'il a. Ils pencheraient, semble-t-il, pour la thèse d'un empoisonnement dû à la consommation d'un fromage de chèvre (je n'en mangerai jamais de ma vie!), mais ils sont loin d'être certains. Ils disent n'y rien comprendre. Et comme ils ne comprennent pas la cause du mal, ils disent ne rien comprendre non plus à la soudaine amélioration de l'état de santé du malade. Le mystère est encore plus grand...

C'est curieux comme la vie semble parfois s'accélérer. Cinq jours se sont écoulés depuis que ma mère a accroché la médaille miraculeuse aux vêtements de son mari et, pour le première fois aujourd'hui, il vient de quitter son lit pour se payer une petite promenade dans le corridor de l'hôpital. Quarante huit heures plus tard, on nous le rend complètement guéri.

Je ne crois toujours pas aux miracles, mais je suis prêt à admettre que pour une fois, Dieu a peut-être fait une exception. Et comme c'est aussi l'avis de mon père, il se rend personnellement à la Chapelle afin d'y faire installer, en témoignage de notre reconnaissance, une petite plaque de marbre sur laquelle nous avons fait graver l'inscription suivante:

«MERCI. V. A. L. S.» (Viktorja, Alain, Louis, Stanké).

S'il m'arrivait un jour d'oublier l'épreuve que nous venons de traverser, il me suffira de faire un tour rue du Bac. La plaque saura bien me rappeler à l'ordre.

cha**T**itre

... comme dans TESTAMENT

*Quand on se noie, on pense
à sa famille qui va se demander pourquoi on est
venu en retard pour le thé et
ensuite ce qui va se passer
étant donné qu'on n'a pas
fait son TESTAMENT.*
George Bernard Shaw

Quelques semaines avant la fin des classes, le père Kubilius,
toujours préoccupé par ses ouailles, nous présente à l'un de ses
confrères jésuites. Le père Huvenne s'occupe de la *Conférence
Olivaint*, un centre de préparation à l'action politique, en deçà
de tout parti. Chaque été, le centre offre des stages à un groupe
d'étudiants à Port-Cros, la plus séduisante des trois îles
d'Hyères situées en Méditerranée. La *Conférence Olivaint*
s'attache essentiellement à faire prendre conscience à ses membres, très soigneusement cooptés, des qualités essentielles et
morales nécessaires à une véritable action politique. Port-Cros
réunit chaque été des étudiants soucieux de se préparer
méthodiquement, par un stage de formation intensive, à
d'éventuelles fonctions politiques. Ses membres viennent en
majorité de l'École des Sciences politiques, de la faculté de
Droit, de la faculté de Médecine, de l'École des Hautes études
commerciales, de l'Institut national d'agronomie et de Polytechnique. Je considère comme une très grande chance
l'occasion qui m'est offerte d'aller à Port-Cros. Mon frère et
moi y sommes accueillis gratuitement à titre d'aides-cuisiniers.
Une fois les légumes épluchés et la vaisselle lavée, nous
sommes entièrement libres de notre temps et autorisés à assister
à toutes les conférences présentées au centre.

Les participants aux stages sont logés au château de l'*Estis-sac*. Les repas ainsi que les conférences se donnent au Château *François 1ᵉʳ*, dont la construction remonte à l'époque du cardinal de Richelieu. C'est en ce lieu que je suis logé en compagnie d'une meute de rats et de scorpions. Je n'ai pas trop de peine à chasser les rats de ma chambre. Quant aux scorpions, c'est une autre affaire. Pour éviter de me faire piquer, il me faut, à tout instant, secouer ma literie, mes vêtements, et surtout mes chaussures dans lesquelles les petites bestioles élisent domicile afin d'y aiguiser, en toute tranquillité sans doute, leur aiguillon venimeux.

Les murs du château ressemblent à une passoire. Ma chambre n'a plus de toit. En me couchant, la nuit, j'admire les étoiles avant de m'endormir. Lors de la dernière guerre, de durs combats ont eu lieu ici et la forteresse en porte encore des séquelles. En plus d'assister le chef cuistot, j'aide aussi le maçon avec lequel je m'affaire à le réfection des murs du château et de ses fortifications. Lorsque le conférencier m'intéresse, je me glisse dans le groupe pour l'écouter deviser sur la morale, l'honnêteté, le dévouement et l'idéal politique. Je profite aussi sans limite de la plage et des promenades dans la nature sauvage de l'île, dont la réserve botanique, protégée par l'État, comporte des espèces d'arbres et d'arbustes très rares. C'est ainsi que je découvre là la menthe maritime, la germandine, dite «herbe à chats» qui a un curieux parfum d'éther, le lentisque, la myrte, le romarin, la cinéraire et le fenouil. La flore de l'île est d'une richesse incomparable. Je ne me lasse pas d'admirer les eucalyptus géants, les pins d'Alep avec leur odeur de térébenthine, les orangers, les citronniers, les figuiers, les palmiers, et beaucoup d'autres encore. Port-Cros est un véritable paradis sur terre et, contrairement à celui du ciel, il n'y a pas de serpents! Par contre, les lézards y sont légion. Ils ont une particularité que je n'ai jamais remarquée ailleurs: ils adorent entendre les gens siffler. Je m'arrête souvent dans mes promenades pour les fixer. Ils me regardent de leurs petits yeux ronds et brillants. Dans l'encoignure d'un muret, j'en choisis un, et m'amuse à lui siffler une mélodie. Hypnotisé par la musique il relâche l'étreinte de ses griffes et tombe, pâmé, à la renverse. Incroyable, mais vrai.

Quand on respire à pleins poumons toutes les odeurs qui se trouvent ici, mêlées à l'haleine du grand large, on ne peut plus jamais les oublier. Si je le pouvais, je vivrais à Port-Cros le restant de me jours.

Il m'arrive parfois de sauter dans un bateau courrier et de me rendre à l'île du Levant, la voisine la plus proche de Port-Cros. Je m'y rends le cœur vaillant, afin d'admirer la... nature. C'est-à-dire, pour être plus précis: la nature du sexe opposé au mien. En effet, l'île du Levant est réservée aux nudistes. Une bénédiction pour un esthète qui, comme moi, se consacre à d'intenses études dans le domaine de l'anatomie. Comme laboratoire de recherches, il est difficile de trouver mieux.

Je connais tellement bien cette île qu'il m'arrive souvent de servir de guide aux étudiants étrangers d'Olivaint. Je leur fais visiter le port, la plage — où nul n'est autorisé à garder son maillot au risque de se faire dévêtir de force —, le village et sa petite église qui fait sourire tout le monde parce que c'est le seul temple chrétien connu où l'on peut voir, cloué sur sa croix, un Christ sans cache-sexe.

Je crois connaître l'île comme ma poche mais pourtant, un jour, je me perds dans la forêt. Impossible de retrouver le chemin du port! Je tourne en rond depuis un bon moment quand j'aperçois une ombre marchant tout au loin, au bout d'un sentier. Pour l'instant, je ne distingue pas encore s'il s'agit d'un homme ou d'une femme. Tout ce que je sais, c'est que l'être qui se déplace lentement a deux jambes et qu'il est humain.

Il n'y a plus un moment à perdre. Si je ne veux pas rater mon bateau, il faut que je puisse sortir d'ici au plus tôt. Je cours donc à toutes jambes vers mon espoir qui déambule au bout du layon. Surprise: il s'agit d'une ravissante jeune fille. Aucun doute là-dessus, puisqu'elle est totalement nue. N'osant pas l'approcher de trop près, je me tiens figé comme un piquet à une distance plus que respectueuse, soit à quelque deux mètres d'elle:

— Excusez-moi, dis-je essoufflé, je voudrais…

La déesse de la forêt a de la peine à m'entendre. Elle est trop loin.

— Vous voulez quoi au juste? demande-t-elle en se rapprochant dangereusement de moi.

Nous sommes maintenant à quelques centimètres l'un de l'autre. Tellement près que je ne sens plus que le parfum de son ambre solaire. Elle est si nue que je me sens… défaillir.

Les yeux écarquillés, je fais mine de regarder le ciel. Surtout ne pas baisser les yeux.

— Je cherche la… cherche le… euh… le port! Voilà, c'est ça, le port…le port…

Le plus calmement du monde, la nymphe m'explique que je n'ai qu'à aller tout droit et elle ajoute, croyant sans doute avoir affaire à un aveugle:

— Voulez-vous que je vous accompagne ou ça va aller?

— Ça va, ça va, je vais me débrouiller, merci, trop aimable à vous! lui dis-je complètement chaviré par ce corps nu, presque collé à moi, que je sens avec tous les pores de ma peau, mais que je n'ose même pas effleurer des yeux.

En montant dans le bateau, le souvenir de l'oréade continue à me bercer au rythme des vagues de la mer. J'essaie vainement de reconstituer son image dans ma tête, mais, comme je n'ai pas remarqué si elle était blonde ou brune…

Aujourd'hui est un grand jour. J'annonce à Florence et à Ségolène — je me suis fait deux amies à Port-Cros — que je pars seul à l'île du Levant a bord d'un minuscule voilier qu'un pêcheur a bien voulu me louer. Comme je ne connais rien dans le maniement des voiles (ce que surtout je n'ai pas dit à mes copines), j'entreprends le périple à la force de mes bras, à la rame!

Une immense pierre attachée à une corde usée sert d'ancre à l'embarcation. Le bateau n'a ni bouée ni gilet de sauvetage. Un détail qui ne me préoccupe pas outre mesure, même si je ne sais pas nager. Les accidents, c'est connu, ça n'arrive qu'aux autres, à ceux qui sont imprudents...

La mer est calme et le soleil luit de tous ses rayons. L'aller se fait sans aucun incident et en compagnie d'une famille de dauphins qui suit mon embarcation tout le long de la route. Le courant est plus fort entre les deux îles, mais il suffit de ramer un peu plus énergiquement et on parvient à traverser sans trop de difficulté. Au bout de deux heures de farniente en mer, j'arrive à l'île du Levant où je passe joyeusement ma journée à admirer... la nature de même que la magnificence et la libéralité de son Créateur. Autrement dit, je m'en mets plein la vue.

Au moment de remonter sur mon voilier, j'ai la désagréable surprise de constater que le vent vient de se lever. La particularité du Mistral, c'est qu'il se soulève en vingt minutes. Si je rame très fort, me dis-je, je pourrai traverser le chenal qui sépare les deux îles et je serai alors en sécurité. Le problème se situe entre les deux îles. J'embarque donc à toute vitesse et je me mets à ramer de toutes mes forces. Au bout de quinze minutes d'efforts, je constate que je suis toujours en plein milieu du chenal envahi de vagues qui ne cessent de grossir. Je perds lentement le contrôle. Impossible d'avancer. C'est la dérive vers un naufrage Dieu seul sait où, peut-être en Corse ou en Afrique...

Le courant est devenu tellement fort qu'en dépit de tous mes coups de rames, il prend maintenant assurément la direction du grand large en me faisant sauter sur des montagnes russes. Le ciel est soudainement devenu très sombre. Il fera bientôt nuit. Il ne reste plus rien à faire. Seul un miracle pourrait me sauver.

Je suis trop préoccupé à ramer. Je ne pense même pas à prier. Pourtant le miracle arrive. Tout au loin là-bas, du côté du port de l'île du Levant, j'aperçois une petite lumière qui danse en haut du mât d'un bateau. Il s'agit du dernier courrier qui part rejoindre Port-Cros. Accroché désespérément au mât de mon embarcation, j'agite mon bras avec l'énergie du marin qui sait qu'il va bientôt se noyer.

Une éternité s'écoule sans que mes appels soient entendus. Soudain, je constate que le bateau vire énergiquement sur sa gauche et, après avoir émis un signal sonore qui me redonne espoir, il se dirige vers moi. Pourvu que je tienne jusqu'à son arrivée... Rendu tout près de mon voilier presque submergé, le capitaine du courrier me lance une corde qui me permet d'arrimer mon bateau. Je suis finalement hissé à bord.

— Tu t'en allais où comme ça? En Afrique?

Je remercie chaleureusement tout l'équipage et vais m'asseoir, l'air piteux et la mine basse, sur une banquette. L'idée que mes copines vont voir que j'ai été lamentablement repêché en mer, me chagrine. L'orgueil, toujours l'orgueil... Comment faire pour ne pas avoir à rougir de mon ratage? Il n'y a qu'un seul moyen. Demander au capitaine de me permettre de finir mon voyage à la rame, à deux minutes du port, juste au tournant du rocher qui est à l'abri de l'agitation des vagues. Voyant qu'il n'y a plus aucun danger pour moi, le marin ne voit aucun inconvénient à détacher mon embarcation et à me laisser glisser glorieusement jusqu'à l'embarcadère. J'accoste derrière le courrier dix bonnes minutes après lui.

Pour l'occasion, je revêts mon pantalon blanc (complètement mouillé), qui était soigneusement rangé dans mon sac, ainsi que mon maillot rayé de «vrai» marin. Les deux copines sont là, qui m'attendent sur le quai. À la manière dont elles sautillent de joie et agitent leurs bras, je conclus qu'elles se sont inquiétées. Cette pensée me réchauffe le cœur. Parvenu tout près de l'appontement de bois, je lance ma corde d'un geste majestueux, persuadé de la tenir solidement en main. Je saute sur le ponton, dans un élan digne des marins les plus expérimentés. Malheureusement pour moi, mon pied rate la plate-forme, glisse sur les planches, et je m'écrase de tout mon poids dans la vase gluante des abords du port.

Une entrée qui, indiscutablement, restera bien plus marquée dans mon souvenir que dans les annales de la valeureuse marine française.

cha**U**itre

… comme dans UNIFORMITÉ

L'ennui naquit le jour de
l'UNIFORMITÉ.
La Motte-Houdard

Cette année je rentre en troisième, l'année du B. E. P. C. ou Brevet d'études du premier cycle du second degré (Ouf!). Au Collège Saint-Sulpice, rien n'est changé sauf, peut-être, l'apparence des copains qui, comme moi, ont le visage dévoré de poils fous et de boutons d'acné. Leurs voix muent avec des sonorités de vieilles trompettes. Mon fidèle ami Marcel est de retour, lui aussi. Dès le premier jour de la rentrée, je me rends compte que le coup de l'éponge de l'an dernier m'a valu une solide réputation de joueur de tour. Ma renommée commande maintenant un certain respect que je lis clairement dans les yeux de tous ceux qui m'approchent. «Il n'y a rien à son épreuve», doivent se dire ces messieurs. Il faudra que je me maintienne à la hauteur de ma réputation. Chaque potache doit prendre sa place dans le groupe. Je me rallierai sous la bannière de l'humour et de l'ironie. Et comme pour l'instant il n'y a pas de concurrence en vue, je me sens parfaitement à l'aise.

Tout fils de policier qu'il est, Marcel, mon complice, ne refuse pas de me suivre sur la voie de la turbulence à condition qu'elle serve (du moins pour le moment) à autre chose qu'à provoquer des éclats de rire gratuits. Il a un tantinet l'âme missionnaire, mon copain. Pour commencer, nous nous improvisons «justiciers». Comme la vie est cruelle et injuste, nous décidons de faire une razzia dans les magasins du quartier et de changer l'étiquetage de certaines marchandises dont le prix régulier est trop élevé pour les clients les plus démunis. Du coup, les bouteilles de champagne se trouvent réduites au prix d'un simple vin de table, et les bas nylon, dont le prix est nettement exagéré — selon nous —, se retrouvent au tarif des chaussettes ordinaires.

Un jour, dans les allées du cinéma de notre quartier, nous répandons avec abondance de la poudre à éternuer au point que le film devient impossible à visionner. Il faut préciser qu'il était pourri... «Si mon père savait ce que je fais, confesse Marcel, je suis sûr qu'il me ferait mettre en taule!» Mais notre crise de bouffonnerie n'est pas encore terminée. De nouvelles idées naissent chaque jour.

En sortant de l'école, à la fin de la journée, nous faisons une halte au jardin du Luxembourg envahi, comme par enchantement, par une volée de libellules. Nous en recueillons une grande quantité dans un sac brun et, sitôt notre cueillette terminée, nous retournons au cinéma. En plein milieu de la séance, nous ouvrons le sac afin de libérer l'escadron d'insectes qui, sitôt relâchés, sont attirés par la lumière et se mettent à virevolter frénétiquement devant la lentille du projecteur. Au plus grand désespoir des spectateurs venus voir le dernier film de Tarzan (où Johny Weissmuller est devenu un gros patapouf dont la peau du ventre pourrait lui servir de pagne), l'écran est aussitôt couvert par des ombres gigantesques qui tournicotent et vibrionnent dans le faisceau lumineux. Non contents d'avoir réussi notre coup, avant de sortir, nous allons réclamer le remboursement de nos places avec une mine tellement contrariée que le propriétaire ne peut pas faire autrement que de nous redonner notre dû.

Une idée presque aussi méchante que celle des libellules nous mobilise un jour, alors que nous découvrons, dans un magasin de jouets, des bouchons fourrés de petites substances explosives utilisés dans des revolvers jouets pour imiter les coups de feu. Nous désamorçons les bouchons afin de ne conserver que les parties qui détonent et allons les déposer un peu partout sur le trottoir, avec, bien entendu, une précaution d'artificiers pour qu'elles ne nous pètent pas entre les doigts.

La scène qui suit nous fait crouler de rire. Sitôt qu'une personne met le pied sur une de nos «mines», l'explosion se produit, effrayant la victime qui prend nécessairement panique. Certaines lâchent un cri, d'autres se sauvent en courant et parfois, par malchance, mettent le pied sur un deuxième détonateur. L'effet que produisent les mini-explosions sur les passants est d'autant plus grand qu'ils ont encore tout frais en mémoire le bruit des détonations et des explosions de la dernière guerre. Ce genre de pétard, relativement dangereux, disparaîtra éventuellement du marché.

De retour à la maison, je ne résiste pas à la tentation de raconter nos bons coups à mon père. Il ne trouve pas mes bouffonneries très drôles. «Faudra qu'on en parle, dit-il d'un air absorbé. Les rapports de l'humour avec l'anxiété sont connus. Faudrait peut-être qu'un jour tu trouves ce qui t'angoisse.»

Il a sans doute raison, mon père. J'avais découvert, lors de mon tour des poissons rouges dans le bénitier, que ce gag m'avait en quelque sorte aidé à amortir le choc de mon adaptation. Il avait agi pour moi comme une arme de défense, un paravent protecteur, un refuge pour mon instinct de conservation.

Mais pourquoi avais-je de temps à autre un irrépressible besoin de sortir, de tendre un léger fil de pêche entre deux arbres de la rue Froidevaux, qui longe le cimetière Montparnasse, pour que des hommes portant chapeau s'accrochent au fil tendu et se mettent à courir à toutes jambes derrière leur couvre-chef qui s'envole au vent? À leur air étonné, j'étais sûr qu'ils croyaient avoir été victimes de quelque force mystérieuse venue du cimetière voisin, parce que dès qu'ils avaient récupéré leur chapeau, la plupart d'entre eux changeaient infailliblement de trottoir.

J'ai peut-être, comme le croit mon père, des problèmes d'angoisse, mais le plaisir que je tire à observer le comportement des gens dans des situations qui sortent de l'ordinaire (et dont je suis la cause), est indescriptible.

Faut pas croire que j'oublie mes études pour autant. Il y a même une matière dans laquelle j'excelle: c'est l'allemand. En plus de l'anglais, et plutôt que de choisir l'espagnol, j'ai opté (par paresse) pour la langue que je déteste le plus au monde. Nous avons un professeur alsacien complètement chaviré par la poésie allemande qui nous force à apprendre des poèmes d'un ennui mortel, de Johann Wolfgang von Goethe. Malgré ma répulsion pour cette langue et mon allergie à la poésie, je parviens même à me hisser au premier rang du cours d'allemand. Pas de quoi pavoiser.

Une autre réussite dont je suis aussi fier est d'une nature bien différente: en trichant sur mon âge, je suis parvenu à m'inscrire à *L'Académie de la Grande Chaumière*, un atelier d'artistes peintres où l'on ne lésine pas sur les cours d'anatomie avec des mannequins… vivants! Cela veut dire en clair que tout en apprenant le maniement du crayon, du fusain et du pinceau, la perspective et les jeux de lumière, j'apprends avec un enthousiasme encore plus évident, la splendeur des courbes du corps humain en général, et de celui de la femme en particulier. Un enseignement que je suis avec tellement d'application que je finis par en rêver la nuit.

Un beau jour, je prends la décision de me lancer dans le dessin publicitaire. C'est là, dit-on, que se situe l'avenir de ceux qui savent dessiner. Je choisis un produit bien implanté dans le marché et je tente de lui trouver un nouveau slogan dans le but de faire monter les ventes. Vu ma pratique au cours d'anatomie, je m'identifie aux produits qui suscitent un écho en moi et concentre ma recherche uniquement sur la lingerie féminine: slips, soutiens-gorge, jarretières et bas nylon.

À force de tourner et de retourner rêveusement ces objets dans ma tête, je finis par m'arrêter sur une marque de bas nylon à laquelle je consacre une affichette avec le slogan suivant: *Les BAS les plus pris aux prix les plus BAS* . Le jour où j'ai récolté 102 fautes dans ma dictée, n'avais-je pas déjà constaté que certains mots de la langue française, bien qu'épelés de la même manière, n'avaient pas la même signification? L'humiliante leçon porte maintenant ses fruits.

Au-dessus de mon slogan, je dessine une ravissante paire de jambes longues et galbées, dignes d'une déesse et, l'affiche terminée, je pars à la recherche d'un fabricant. J'apprends malheureusement que la plupart d'entre eux se trouvent en Amérique. Tout n'est pas perdu: un marchand de la rue Daguerre m'offre néanmoins d'exposer la réclame dans sa vitrine en échange de... deux paires de bas. Un beau cadeau pour ma mère...

Même si un concepteur d'agence de publicité en aurait fait ses choux gras, ce n'est pas très sérieux, c'est du bricolage. Ce n'est sûrement pas en faisant du troc que j'arriverais à faire fortune dans la réclame. Je ne déclare pas forfait pour autant et poursuis ma recherche en me concentrant cette fois sur des produits typiquement français. Ma deuxième tentative concerne la boisson. Quoi de plus français? Il s'agit du rhum *Négrita*. Je retiens une phrase que tout le monde connaît: *Tous les chemins mènent à Rome...* et la retouche, selon le même principe du jeu des mots remaniés en slogan, se fait au bénéfice du populaire alcool. L'exercice donne: *Tous les chemins mènent au rhum, mais exigez Négrita!* Mon talent de coloriste fait le reste. Une fois l'affiche terminée, je l'envoie tout simplement par la poste aux fabricants de *Négrita*. Une semaine plus tard, un camion freine devant notre porte. Son livreur vient déposer deux caisses de rhum accompagnées d'une lettre de gratitude émue de la part du fabricant de spiritueux. Elle se lit comme suit: *Avec tous nos remerciements pour votre spirituelle création!*

Une joie sans nom s'empare de moi. La lumière de la réussite vient d'effleurer mon front. C'est le premier triomphe artistique de ma vie.

Mes parents sont au comble de la joie. «Maintenant, quand on aura besoin de quelque chose, on te demandera de faire un petit dessin!», dit ma mère en ouvrant une première bouteille. Et mon père, qui ne boit toujours qu'une seule et unique boisson, ajoute avec une trace de sollicitude dans la voix: «Tu as déjà obtenu des bas nylon pour ta mère, tu pourrais peut-être penser au monbazillac la prochaine fois?»

À partir de cette réussite, je m'engage à toujours rechercher le plaisir dans l'effort. Je me dis que le travail que je ferai lorsque je serai adulte ne devra jamais être une punition, mais une récompense. Je devrais pouvoir passer de l'exercice de mon métier au plaisir et du plaisir au travail comme s'ils ne faisaient qu'un. Et, si possible, veiller à ne jamais négliger la source de comique qui me rend tout plus facile. Oui, l'humour devra être pour moi un fraternel compagnon — l'affirmation de ma supériorité sur ceux qui considèrent leur travail comme une malédiction biblique.

Encouragé par ma réussite, je pars à la recherche de nouveaux travaux publicitaires à faire durant mes loisirs. Le premier qui s'offre à moi est le *Ciné-club du Quartier latin*, qui propose des films classiques une fois la semaine aux amateurs de cinéma. Ma tâche consiste à produire deux affiches destinées à un homme-sandwich qui déambule boulevard Saint-Michel afin d'annoncer les séances. Charles Boyer, Humphrey Bogart (quand je serai grand, j'aurai un imperméable comme lui), Gary Cooper, Errol Flynn, Edward G. Robinson, Charlie Chaplin, John Ford, Ava Gardner (dont je tombe amoureux), Lana Turner (elle aussi), les Marx Brothers, toutes les célébrités y passent et, à la plus grande satisfaction des dirigeants du ciné-club, les visages que je peins sont ressemblants. M. Froetshel, le fondateur du *Ciné-club* est satisfait.

Ma tirelire grossit à vue d'œil.

Mon ambition n'a plus de limites. Je me souviens soudain que le père de Jean-Louis fabrique des instruments chirurgicaux. Je décide d'aller frapper à sa porte et j'en ressors avec une alléchante commande pour illustrer le catalogue de sa société. Cette fois, il n'est plus question d'art à proprement parler, mais bien de dessin commercial, auquel je ne connais strictement rien. Plutôt que d'avouer mes lacunes à M. Morgin, qui me fait confiance, je m'inscris rapidement à un cours de l'École des beaux-arts.

Quel dommage qu'une journée n'ait pas plus de vingt-quatre heures!

Constatation encourageante: Ma vie prend tournure.

chaVitre

... comme dans VIE

On naît. On meurt. C'est
mieux si entre les deux on a
fait quelque chose.

Francis Bacon

Quand je ne suis pas à l'École ou plongé dans mes travaux d'affichiste, je parcours Paris, à pied. J'explore la capitale en tous sens. Je flâne dans les rues, les squares, les parcs, les églises et les musées avec un étrange sentiment que quelque chose d'important m'attend. Mon lieu de prédilection est le musée Rodin, une thébaïde de réflexion, de rêve et d'invention. Les sculptures de cet être de génie m'émerveillent. Maintenant que j'ai les moyens, je m'offre le catalogue de ses œuvres. Je sais que je le conserverai toute ma vie.

Le hasard seul guide mes pas. Panthéon, Palais de Chaillot, Opéra, gares de chemins de fer, Notre-Dame et beaucoup d'autres églises. Suprême audace: au risque d'être l'excommunié, j'entre dans un temple protestant. Le bon Dieu n'y verra que du feu...

Tout me fascine. Tout m'exalte. Je suis un flâneur enchanté. Tous mes bonheurs de l'instant sont des bonheurs visuels. Les rues de Paris sont pour moi un lieu béni de réflexion, de rêve et d'invention. Décidément, ici, je ne serai jamais blasé. Je ne m'ennuie jamais. J'ai toujours la conviction que quelque chose de nouveau va se passer. Quelque chose qui va tout bouleverser, tout renouveler. Est-ce possible qu'il y ait des gens qui s'ennuient à Paris?

Je m'avance dans cette nouvelle vie comme un nageur dans la mer. Je rase les murs, je frôle les êtres, j'explore ma nouvelle vie en explorant celle des autres. Plus rien ne m'épouvante.

Lorsque, au cours de mes promenades, je découvre une tête pas comme les autres, il m'arrive de la dévisager au point où la personne se demande ce que je lui trouve de particulier. Un jour, quelqu'un me crie d'une voix grinçante comme une craie sur un tableau:

— Non, mais dis donc toi, tu veux ma photo ou quoi?

Je ne peux pas lui dire que je suis en pleine étude solitaire.

Dans la rue comme à l'école, j'aime étudier seul. Cela m'enivre de ne jamais rien devoir à personne. Je m'excuse d'être entré ainsi par effraction et reprends ma marche au rythme de mes plongées en moi.

Je suis constamment à la recherche des artistes de la rue, les avaleurs de sabres, les cracheurs de feu et les chanteurs en compagnie desquels j'apprends, sur le trottoir, les paroles des chansons populaires du moment.

Comme la vie artistique, l'autre, celle de ceux qui ont réussi, ne me laisse pas indifférent non plus: je pousse souvent une pointe jusqu'à l'entrée des artistes de *Bobino* dans l'espoir d'entrevoir les vedettes de l'heure: Yves Montand, Pierre Dudan, Line Renaud (qui chante *Ma cabane au Canada*), l'incroyable Henri Salvador…

Je veux être partout à la fois, car partout je me sens comme dans un berceau. Je contemple, j'examine, j'observe avec une délectation sans pareil. J'absorbe tout ce qui se présente à mes yeux: les noms des boutiques, les panneaux publicitaires *(la pile Wonder ne s'use que si on s'en sert; Du bon, du beau, Dubonnet; Y'a bon Banania; Le Rouge Baiser: qui permet le baiser)*. Bientôt j'aurai les moyens de m'acheter des livres. En attendant, je me contente de lire les titres de ceux que je vois exposés dans les vitrines des libraires *(Camus: L'Étranger, Kippling: Le Livre de la jungle, Frison-Roche: Premier de cordée, Vian, alias Vernon Sullivan: J'irai cracher sur vos tombes, Arthur Koestler: Le Zéro et l'infini,* sur le totalitarisme soviétique (Merci, on a donné!) et *Kravchenko: J'ai choisi la liberté,* que mon père va sûrement s'offrir bientôt, car cela nous concerne).

Je prends mon temps pour lire, dans le menu... les menus des restaurants que je croise sur mon chemin et m'étonne de trouver dans les établissements qui se vantent de servir des spécialités de la gastronomie *française* des plats tels que: la charlotte *russe,* l'omelette *norvégienne,* l'assiette *anglaise,* les petits *suisses,* l'escalope *milanaise* et les champignons à la *grecque.* Des nourritures exilées qui ont fini par être intégrées ou, comme le dit ma marraine, «acclimatées».

J'observe les garçons de mon âge jouer au *flipper* et au *baby foot.*

Mine de rien, j'écoute aussi les conversations des gens que je rencontre. Lorsqu'ils s'éloignent de moi, histoire de m'amuser, j'invente la suite de leurs bavardages dont j'ai pu saisir quelques bribes dans la fugacité de notre rencontre. Curieusement, chaque visage m'inspire une histoire. Et pour peu que le regard d'une inconnue s'accroche au mien, alors le dialogue à inventer devient plus aisé à imaginer. Quand je croise un passant soucieux ou absorbé dans la tristesse, sa peine devient aussitôt mienne. C'est sûrement une faiblesse, mais comment m'en défaire? C'est évident: j'ai une propension exagérée à la commisération. Je porte tous les sanglots, les angoisses et les douleurs du monde en moi. Je ne comprends pas pourquoi. Parfois, je m'enfonce si profondément dans les eaux de la misère imaginée que je crains de ne plus pouvoir refaire surface.

Lorsque je passe dans une rue où on vient d'installer une plaque en souvenir d'un homme «mort pour la France», je suis aussitôt bouleversé. Je sais que j'ai en moi un côté souffreteux, mais je n'y peux rien. C'est plus fort que moi, j'ai tout le temps mal chez les autres.

Je regarde les gens que je croise pour la première fois en me disant que c'est aussi... la dernière fois que je les vois. Ils ne le savent pas mais, au fond de moi, au lieu de leur dire «bonjour», intérieurement je leur dis déjà «adieu».

Lorsque je fais une halte au jardin du Luxembourg ou au parc Montsouris, j'établis instantanément un rapport avec les moineaux, les écureuils, les fleurs et les arbres dont je me promets un jour de connaître tous les noms. Quand je m'assieds sur une chaise, avec un carnet de dessin à la main, mon observation de la nature est souvent perturbée par la crainte de l'implacable chaisière qui surgit toujours au moment le plus inattendu pour réclamer son dû. Comme je suis réfractaire à la location des chaises, qui selon moi devraient être gratuites, je me sauve à toutes jambes dès que je l'aperçois en prenant bien soin de ne pas revenir au même endroit avant plusieurs jours de peur d'être reconnu... et qui sait, peut-être même interdit de séjour dans le jardin public.

Je sens naître en moi une nouvelle passion: celle du septième art! (*Tarzan, Zorro, les Marx Brothers, Fantasia, Bambi, Los Tres Caballeros...*). Le *Gaumont-Palace*, la plus grande salle de Paris (6 000 places) m'éblouit. Le petit cinéma de Denfert me fascine. La cabine de projection de cette salle minuscule est placée juste au-dessus de l'écran qui reçoit les images du film grâce à un système de prismes et à l'aide d'un immense miroir.

Quand il s'agit de cinéma ou de théâtre, mon frère m'accompagne. Nous assistons tous les deux aux opérettes les plus en vogue mettant en vedette les plus applaudies de l'heure comme Luis Mariano et Georges Guétary. *Les Violettes impériales, Les Trois Valses, l'Auberge du cheval blanc* font notre bonheur.

Je comprends que ces déambulations parisiennes font battre en moi les pulsations de la ville et me contraignent paisiblement à déposer mes armes d'exilé. Lentement, je m'approprie la ville. Bientôt j'en serai le propriétaire! C'est ma façon à moi de me faire des racines. J'en avais assez de me sentir émigré. Contrairement à ma mère, je me sens chez moi.

Personnellement, je n'ai plus de temps à perdre. Après tout, s'il faut en croire la rumeur qui court: on ne vit que deux fois!

À la maison, nous avons maintenant la radio. Le poste à galène est dépassé. Lorsque j'ai du temps libre, j'écoute les émissions les plus populaires, fais la connaissance des interprètes omniprésents sur les ondes: André Dassary, Mariano, Guétary, Pierre Dudan, Tino Rossi, Armand Mestral, Édith Piaf, Charles Trenet, Reda Caire, Rina Ketty, Jean Sablon, Maurice Chevalier et plusieurs autres dont je n'envie nullement la célébrité, mais dont l'entregent et l'aisance m'épatent.

Je découvre: les Frères Jacques surnommés «les athlètes complets de la chanson»; Juliette Gréco; Ray Ventura, Jacques Hélian et leurs orchestres respectifs; les Compagnons de la Chanson; les comiques Pierre Dac et Francis Blanche; Roger Nicolas, qui parle très vite et ponctue ses blagues en répétant toujours «écoute, écoute», ainsi que l'inimitable Robert Lamoureux, ses monologues et ses chansons, *Papa, maman, la bonne et moi* et *J'aurais voulu savoir chanter*, dont je connais maintenant les paroles par cœur.

Je ne manque pas une seule émission *Crochet* animée par l'ineffable Zappy Max, commanditée par le shampoing *Dop*. Lorsque vient l'heure du populaire concours de chant amateur, je chante, moi aussi, à la maison: «*Dop, Dop, Dop, Dop, Dop, adoptez le shampoing Dop!* » J'aime aussi un certain Jean Nohain, dont je trouve la verve inimitable.

Et, quand la radio est fermée, histoire de me donner de l'énergie, matin et soir je fredonne comme tout le monde l'indicatif musical de l'émission de l'inusable Saint-Granier, un animateur qui fait chanter les gens chaque jour dans un quartier différent de Paris:

«Ploum, ploum, ploum, tra la la, voilà c'qu'on chante, voilà c'qu'on chante, ploum, ploum, tra la la, voilà c'qu'on chante chez moi!»

En un mot: je m'acclimate.

Le temps du barbotage avec la mélancolie du passé est bel et bien terminé: je deviens résolument un petit Français! Après tout, il y a un peu de sang de ce pays qui coule dans mes veines.

Pourvu qu'on continue à m'accepter...

Pour mieux enfoncer mes racines dans le sol de ma deuxième patrie, je demande à mon père de me conduire au cimetière du Père-Lachaise, où est enterrée sa mère. Pendant que nous nous recueillons sur la tombe de ma grand-mère, ému, il en profite pour me parler de ses parents. Avant de mourir, ma grand-mère, qui paraît-il était une sainte femme, lui a laissé sa photo au bas de laquelle elle a inscrit ces mots: *Regarde-moi et va t'en rassuré.* Il a toujours conservé cette photo sur lui, même dans les camps de concentration. Son père, que je n'ai pas connu non plus, puisqu'il est décédé un an avant ma naissance, a eu, lui aussi, maille à partir avec notre nom de famille. Il l'a changé, tout comme l'a fait le frère de mon père, pour celui de Stonkus. Gravement malade, le malheureux a été transporté d'urgence chez un spécialiste, en Allemagne, qui n'a pas réussi à le sauver. Il est mort dans ce pays inhospitalier, et sa dépouille a été transportée à Kaunas où elle repose dans le cimetière de ma ville natale. Après avoir vécu un temps à Paris, mon grand-père s'est installé à Montélimar, où le climat lui paraissait plus clément et où il a acquis une enviable réputation de fabricant de nougats. Pas étonnant que je sois friand de cette confiserie à base d'amandes et de miel.

Nous sommes rendus maintenant à la fin d'une autre année scolaire. Je viens de m'acheter mon premier appareil photo. Je l'emporte avec moi en classe dans le but de faire une photo souvenir. Juste avant le dernier examen, je demande au professeur l'autorisation de croquer la classe.

— Aussitôt que vous m'aurez remis votre copie, me dit-il, je vous autorise à faire la photo, mais à partir de votre pupitre!

Je suis un des premiers à terminer l'examen. Tel qu'entendu, je remets ma copie au professeur et je sors aussitôt mon appareil de photo pour saisir le moment historique. Le professeur me fait un clin d'œil complice m'indiquant que je suis libre de faire la photo. J'en fais deux, juste au cas. En quittant la classe le prof me dit:

— N'oubliez pas de m'en faire une copie!

— Promis, M'sieur...

Une semaine plus tard, je vais récupérer les photos au laboratoire. Non, le professeur n'aura pas le souvenir que je lui ai promis! Je lui dirai que mes photos sont ratées. La raison est simple: l'image montre très clairement mon ami Flamand, penché de façon compromettante sur sa gauche, en train de copier sur son voisin...

La photo est assurément une invention diabolique. Il faudra que je m'en souvienne.

cha**W**itre

... comme dans WEEK-END

La volupté, c'est un WEEK-END prolongé.
George P. Lukas

L'été est arrivé. Il n'y a rien de prévu pour les vacances parce que nos moyens sont très limités. Nous vivons toujours dans un nostalgique relent d'exil et de pauvreté. Il n'est plus question de retourner à Port-Cros. J'ai pourtant des fourmis dans les jambes et je ressens une grande envie de découvrir de nouveaux horizons. Maintenant que j'ai des pantalons d'adulte, le moment est sans doute venu pour moi de prendre une grande décision... d'adulte!

En cherchant un peu je la trouve. Comment bien aimer un pays si on ne le connaît pas? me dis-je. Il faut donc que je parte seul faire le tour de la France en auto-stop. Le défi est de taille, car il est double: il y a d'abord l'inconnu et la vie en solitaire. J'ai moins peur du deuxième que du premier. En effet, la solitude doit être plus difficile à vivre pour celui qui est dans l'incapacité de dialoguer avec lui-même. Dans mon cas, voilà longtemps que je vis, je ris, je pleure et me parle tout seul.

Quand j'annonce la nouvelle à mes parents, ma mère feint une syncope:

— Notre fils est devenu fou. Je te dis qu'il est fou! On n'aurait jamais dû venir dans ce pays de perdition. Nous aurions dû nous méfier. Dieu que la vie est injuste avec moi. Pourquoi tant de souffrances? Moi, sa mère. Pourquoi c'est toujours à moi que les malheurs arrivent? Sainte-Marie, Mère de Dieu, faites que ce cauchemar prenne fin! Je suis trop énervée. Choura, vite donne-moi de la *valériane* (son remède naturel favori qu'elle utilisera jusqu'à la fin de sa longue vie)!

Heureusement que mon père est moins impulsif. Lui me comprend. Approuvant ma détermination, il finit par devenir mon allié et faire accepter le périple à ma mère. Sa tâche n'a pas été de tout repos.

Maintenant que l'orage est passé, nous examinons, lui et moi, la carte de France dans tous ses détails. C'est décidé, je foulerai tous les recoins de la France, en évitant toutefois l'Alsace. La région a le malheur de se trouver à proximité d'un pays que je ne porte pas dans mon cœur.

Renseignements pris, j'apprends que tous les après-midi les routiers désireux d'accommoder les stoppeurs garent obligeamment leur véhicule quai du Louvre, à proximité du pont des Arts. Je me retrouve donc à cet endroit béni, le jour du départ, muni d'un baluchon dans lequel j'ai placé un tricot de laine, mon nécessaire de toilette, une serviette de bain, un canif et une petite toile imperméable qui me servira de tapis, de couverture ou de tente, selon les besoins.

Le premier camionneur approché accepte volontiers de me prendre à bord de son gigantesque véhicule qu'il doit ramener vide à Tours, première étape de mon voyage. Avant de prendre le départ, nous attendons quelques instants juste pour voir s'il n'y aurait pas d'autres intéressés. Trois autres personnes arrivent sur les entrefaites. Deux jeunes gens d'une vingtaine d'années et un adulte. Celui-ci est échevelé, maigrichon et porte une petite barbe hirsute. En se présentant à nous, il prétend être professeur de dessin. Nous sommes au complet. Nous prenons tous place dans la caisse sombre du camion. Le professeur insiste pour être à côté de moi. On part. Les routes ne sont pas très belles et les ressorts du véhicule passablement fatigués. On saute, on tressaille, on est secoués comme de la marchandise. Au bout d'un moment, les côtes endolories, on baptise le fourgon de «boîte à caresses».

Quelques heures plus tard, nous sommes à Orléans, première escale.

Le routier nous informe que l'arrêt sera d'une heure; après quoi, nous mettrons le cap sur Tours. Libre à nous de rester dans le camion ou d'aller casser la croûte au restaurant des routiers. Le professeur de dessin habite la ville. Son voyage est terminé. Affable, il me propose de le suivre chez lui, où je pourrai partager un «petit quelque chose à manger», dit-il très souriant. J'accepte volontiers son invitation, d'autant plus qu'il habite dans un atelier d'artiste rempli, paraît-il, d'œuvres d'art auxquelles je ne devrais pas être insensible.

Dès que nous sommes chez lui, l'attitude de l'homme change radicalement. Il me montre de manière très désintéressée quelques toiles éparses qui jonchent le sol de son minuscule atelier puis m'entraîne dans un coin de la pièce en me collant dans le dos comme un poisson d'avril. J'essaie de comprendre ce qui lui arrive, mais le mystère est complet. Maintenant, il me dévisage curieusement. Je lui trouve les yeux libidineux et sa main est tremblotante. Que se passe-t-il dans sa tête?

— Tu me plais, dit-il soudain comme pour se libérer. Tu veux qu'on mange ou bien?...

Je trouve la question stupide puisque je suis venu pour ça:

— Bah oui, M'sieur... J'ai un peu faim.

— Dans ce cas, embrasse-moi, veux-tu?

Je comprends que j'ai affaire à un détraqué. Sa proposition me révolte. Je tente de m'en sortir par un trait d'humour:

— Si vous étiez une femme, je dis pas, mais embrasser un homme je...

Il prend ma remarque pour une insulte:

— Bon... si c'est comme ça, la porte est là. Tu n'as qu'à aller bouffer chez les gonzesses. Dommage. Tu ne sais pas ce que tu perds. Salut et bon voyage quand même!

Sa voix a à la fois l'onction d'un savonnage et la sécheresse d'une remontrance. Heureux de m'en tirer à si bon compte, je ne me le fais pas dire deux fois et sors en courant retrouver le camion. Je crois que ce soir je ne mangerai pas. Il m'a coupé l'appétit, celui-là. J'ignorais que des hommes pouvaient tomber amoureux des hommes. Le voyage risque d'être plus instructif que je ne le pensais.

Je suis heureux de retrouver mes compagnons. Nous roulons jusqu'à la tombée de la nuit, après quoi c'est: «Terminus, tout le monde descend!» Le chauffeur dort dans le camion. Quant à nous, ses passagers parasites, c'est chacun pour soi. Tout le monde se disperse dans la nature. Pour ma part, je ne m'éloigne pas trop. À quelques enjambées de l'endroit où nous sommes arrêtés se trouve un grand arbre. J'étends ma toile imperméable à ses pieds et je me couche pour la nuit. Tout mon être s'imprègne de feuilles, d'humus, des douces caresses imaginaires de la nature. Je m'endors lentement en écoutant le bruissement du vent.

C'est en arrivant sur la Côte d'Azur que l'idée me vient: je devrais me trouver un travail temporaire. Juste pour me donner le temps de profiter du soleil et des vacances. Je veux bien offrir mes services, mais reste à savoir quels services et à qui? Le seul débouché auquel je pense, c'est celui de «plongeur». Après tout, il ne doit pas être nécessaire d'avoir un diplôme universitaire pas plus qu'un entraînement bien sophistiqué pour laver la vaisselle. Et comme nous sommes en pleine saison touristique et que les restaurants sont bondés de monde, j'imagine que je n'aurai pas de peine à trouver un établissement, à Nice ou à Cannes, prêt à employer un vaillant travailleur comme moi.

Je commence ma recherche en allant frapper à la porte des cuisines des plus grands hôtels: Negresco, Carlton et deux ou trois autres. Résultat: zéro! Mes démarches sont totalement infructueuses. Les réponses que j'obtiens sont à peu près iden- tiques: «Nous avons ce qu'il nous faut!», «Ah, si vous étiez venu il y a une semaine, je ne dis pas mais là...», «Laissez-nous votre adresse, on vous préviendra si jamais il y se présen- tait quelque chose...» D'adresse fixe sur la Riviera, je n'en possède pas. Je couche sur les plages ou dans les bois. Il n'y a donc pas d'espoir. Je ne vais pas moisir ici. Comme je n'ai pas d'espoir de me trouver un boulot, je quitte la Côte avec un pincement au cœur. Direction: Narbonne et Carcassonne.

C'est à Béziers que le miracle arrive. L'automobiliste qui a la générosité de me faire monter dans son véhicule et à qui je raconte mes espoirs déçus de plongeur, me dit tout bonnement:

— J'ai une idée pour toi, mon grand! Pourquoi n'irais-tu pas proposer tes services à un viticulteur? La saison des vendanges va commencer dans quelques jours dans l'Hérault et tout le monde embauche...

Ce viticulteur, je le trouve dans le petit village de Loupian. L'homme est bien prêt à m'embaucher pour une quinzaine de jours, mais sa récolte ne débutera que dans une semaine, juste le temps pour moi de piquer une pointe jusqu'à Lourdes et, avec un peu de chance, de revenir à temps pour débuter dans le métier très éphémère de coupeur.

— Tu vois, me dit M. Barbezier, mon futur employeur, dans les vendanges, il y a ceux qui coupent et mettent les grappes de raisin dans des seaux. Il y a les porteurs qui acheminent ces seaux dans des panières pour les déverser dans la charrette et ensuite il y a le cheval qui amène la charrette à la coopérative, où le raisin est pressé. Le travail de coupage se fait avec un sécateur. Il n'est pas difficile, si ce n'est qu'il faut passer ses journées accroupi autour des ceps de vigne. C'est un travail généralement réservé aux femmes et aux jeunes comme toi. Pour le reste, il faut avoir du muscle.

Voilà donc le premier emploi de ma vie. Je n'ai pas la moin- dre idée comment négocier ma rémunération. Heureusement que M. Barbezier, lui, n'en est pas à sa première expérience:

— Bon, maintenant tu veux peut-être savoir combien tu seras payé? demande mon patron.

— C'est la première fois que je...

— Ne t'inquiète pas, je sais ce que c'est. Dans la vie, il y a toujours une première fois. Alors, voilà: tu seras nourri et logé pendant toute la durée des vendanges. Tu seras payé le même tarif que les coupeuses et tu auras droit, comme tous mes ouvriers, à deux litres de vin par jour, ce qui devrait te faire quelque 30 litres à la fin des travaux. Si tu ne veux pas emporter ton petit baril avec toi à Paris, je te le rachèterai au plein prix. Ça devrait te donner assez de sous pour t'acheter un billet de train. Libre à toi de décider. Ah! j'oubliais: pendant les vendanges tu as le droit de boire du vin à volonté. C'est la règle partout. Sur ce, si tu veux me suivre, je vais te montrer tes quartiers et te présenter à ma femme. C'est elle qui te fera à manger!

Question de gîte, le dépaysement est total. J'ai droit à une partie de l'écurie. Il n'y a pas de lit, mais la paille y est très accueillante.

— C'est le cas de le dire, tu vas être sur la paille, lance mon hôte en riant. Je suis sûr que tu vas t'y faire. Tu verras, c'est très confortable. En tous les cas, je ne connais personne qui en soit mort...

Je comprends que je ne serai pas le seul occupant des lieux. L'autre partie de ma chambre à coucher abrite un cheval et un mulet. Attachés, Dieu merci. Quant aux besoins, j'ai compris: il faut juste trouver une petite place entre l'âne et le cheval en prenant bien soin de ne pas les contrarier...

Madame Barbezier est une grande femme très douce et hospitalière. Dès notre première poignée de main, je comprends qu'elle m'a adopté:

— Non mais dis donc toi, va falloir que tu manges quand tu seras ici, sinon tu ne tiendras jamais le coup. Tu vas voir, je vais m'occuper de toi! Marcel, mon fils, est justement de ton âge. Le soir, après le boulot, vous pourrez sortir ensemble. Ça te fera de la compagnie.

Je ne pouvais pas souhaiter meilleur accueil. Je quitte les Barbezier en route pour Lourdes avec une idée en tête, celle de revenir à Loupian au plus vite.

À Lourdes, envahie par des milliers de pèlerins, dont beaucoup se présentent devant la grotte miraculeuse en chaise roulante ou poussés dans des lits à roulettes, ma compassion est servie. Ici, tout le monde semble malheureux, affligé, égrotant, souffreteux. Chacun est venu implorer la Vierge Marie. Faveurs à demander, guérisons à obtenir. L'espoir et la détresse se lisent dans tous les yeux.

La vision d'une telle affliction me plonge dans une inextricable tristesse. La douleur de chaque malade que je croise devient ma propre blessure. Avec chaque infirme, une partie de mon cœur se déchire. D'une manière générale, je hais les foules, mais une foule souffrante, saignante, tragique, qui s'abrite derrière la prière en remplissant de petits flacons d'eau miraculeuse, m'amène au bord de l'abîme. Il ne faut surtout pas que j'y pense. Non, il ne faut pas que je demande où est passé Dieu dans tout ça. Comment lui, le Tout-Puissant, peut-il tolérer tant de mal sur terre? Lui, qui est toute bonté, miséricorde, générosité, compassion et amour. Lui, notre Créateur. Pourquoi lui, le Bienveillant, contemple-t-il du haut de son ciel, l'humanité et ses misères, sans réagir? Pourquoi nous a-t-il tous abandonnés? Pourquoi les a-t-il rendus malades et pourquoi ne les guérit-il pas? Décidément, l'idée que j'avais de la grandeur divine m'apparaît absolument inconciliable avec tout ce que je vois à Lourdes, où le mercantilisme semble faire très bon ménage avec les dévotions.

Je pense à tous ceux qui y sont venus avec l'espoir de guérir et qui repartiront bredouilles, sans être exaucés. Peut-être même plus malades en repartant que lorsqu'ils sont arrivés. Oui, dans quel état reviendront-ils chez eux? Dans quel état sera leur foi?

Je ne sais plus que penser.

La nuit sera sans doute bonne conseillère. Je la passe couché à la belle étoile, dans un champ situé non loin de la grotte. Le lendemain matin, toutes ces pensées ne m'empêchent pas d'acheter des bonbons en forme de petites pierres imitant celles que l'on trouve au bord de l'eau. Je les offrirai à ma mère. Ils ne lui feront aucun mal. Si ça se trouve, elle leur découvrira peut-être des vertus thérapeutiques porteuses d'indulgences plénières.

Il fallait voir Lourdes? Je l'ai vue!

Direction: Loupian.

Mon employeur m'attend et toute sa famille m'accueille comme si j'étais un des leurs. Le travail des vendanges n'est pas facile, mais il se fait dans une atmosphère de grande fête. Le soir, au souper en famille, M. Barbezier en profite pour m'initier aux secrets de la viticulture et de l'œnologie. Tel un chevalier de la Table ronde, il se lève et, son verre de vin à la main, clame bien haut:

«Comme l'a dit jadis Rabelais, un connaisseur en la matière:

Jamais un homme noble ne hait le bon vin!»

Chaque soir, il s'applique à donner à son enseignement une note insolite. Une fois, il nous fait l'éloge de l'ivresse. Une autre, il nous explique d'où vient l'expression *sac-à-vin* et puis *pot-de-vin*, et d'autres encore plus étonnantes les unes que les autres. L'homme ne se contente pas de cultiver le vin, il est lui-même très cultivé.

«Tiens, dit-il jamais... à sec, sais-tu d'où vient *l'expression rubis sur l'ongle?* Dans le temps, quand on avait vidé son verre, on le renversait pour en faire tomber la dernière goutte sur son ongle. Cette goutte, on lui donnait le nom de rubis. Payer rubis sur l'ongle veut donc dire payer... jusqu'à la dernière goutte.»

Heureux de lui, il lève la main en nous encourageant de l'imiter:

«Dans chaque verre de vin, ne l'oublions pas, il y a un peu d'âme de notre terre de Loupian!»

Après le souper, qui est toujours un véritable spectacle, la fête est loin d'être terminée. Marcel, le fils du patron, prend la relève et m'accompagne aux réjouissances du village. Musique, danse et encore de la bouffe, le tout, comme il se doit, copieusement arrosé de vin du pays. Une expérience que je n'oublierai pas de sitôt.

Quinze jours plus tard, je plie bagage, plus riche (culturellement et financièrement parlant) que je n'ai jamais été. Pour arrondir mon pécule, je revends ma prime des trente litres de vin au viticulteur qui me remet un certificat attestant qu'il a été satisfait de mes prestations et que je le quitte, mon devoir honorablement accompli.

Finis les tracas de l'auto-stop. Je rentre à Paris en train, avec l'impression d'être millionnaire.

chapitre X

… comme dans POLYTECHNIQUE

Le difficile n'est pas de
sortir de l'X[6], mais de sortir
de l'ordinaire.

Charles de Gaulle

Mon père qui, pour ses fils, ne se contente que du meilleur, inscrit mon frère à l'*École de Photographie et de Cinéma*. Quant à moi, il a découvert une petite boîte à bachot, le *Cours Raspail*, située tout près de la maison. Il en a entendu dire grand bien.

L'école est, au premier abord, assez sympathique. Mais au bout de quelques semaines, elle ne me satisfait pas. Je suis maintenant en seconde avec l'impression de répéter ce que j'ai appris l'année d'avant. Mon père décide de me changer d'établissement avant qu'il ne soit trop tard. En quittant le *Cours Raspail*, je n'ai qu'un seul regret: je ne reverrai plus ce cher M. Tatez, le professeur le plus extraordinaire qu'il m'ait été donné de rencontrer, un homme qui consacre à son métier d'enseignant tout son temps et sa ferveur. Jamais n'ai-je entendu quelqu'un s'exprimer avec autant de facilité et de distinction que M. Tatez. Cet homme est un génie. Je m'étonne de ne pas lui voir une couronne de laurier derrière les oreilles. Il sait tout sur tout et ne garde rien pour lui. Quelques jours avant que je ne quitte sa classe, ayant remarqué sans doute que je portais un peu trop d'attention (beaucoup trop sans doute) aux jeunes filles de ma classe, il me fait venir et me dit d'un air complice: «Jeune homme, j'ai cru remarquer que la première matière qui semble retenir votre intérêt ne figure

---

[6] Surnom, en argot scolaire, de l'École polytechnique de Paris.

malheureusement pas au programme scolaire de cette année. Peut-être le sera-t-elle l'an prochain, mais, si j'étais vous, je n'y compterais pas trop. Sachez cependant que le bon saint François, qui s'est intéressé au sujet bien avant vous, a dit ceci, que je vous recommande d'apprendre par cœur et de méditer...»

Et sur cet mots, M. Tatez de citer ces deux phrases que je lui ai promis d'apprendre par cœur:

«La vue des femmes est un poison, même pour les saints, et l'occasion même pour les âmes fortes, comme pour les plus faibles, de chutes rapides. Éviter le mal tout en le bravant est aussi difficile que marcher dans le feu sans se brûler les pieds!»

Il n'y a pas d'autres Tatez à l'*Institut universitaire*, où m'inscrit mon père après le *Cours Raspail*. Toutefois, il y a M. Fringuian, un monsieur fort étonnant qui dirige la maison, et surtout, à ma plus grande satisfaction, il y a aussi mon copain Jean-Louis que j'ai le plaisir de retrouver dans la même classe que moi. L'*Institut universitaire* est une maison d'enseignement privé de grand renom. La qualité des cours que l'on y donne serait, paraît-il, supérieure à celle que l'on dispense dans les écoles d'État mais, contrairement à ces dernières, rien n'y est gratuit.

Bien que le sympathique directeur de «l'Instit» ne cesse de répéter que son seul souci est de nous faire bénéficier d'un enseignement hors normes, nous avons tous la conviction que l'appât du gain le tracasse bien davantage.

— Dites donc mon petit Coco (il a la manie d'appeler tout le monde «mon petit coco»), vous direz à votre père que je n'ai toujours pas reçu son chèque!

Il a d'ailleurs trouvé un truc incontournable pour exercer une pression constante sur chacun d'entre nous. Il le met en pratique deux fois par jour: à midi, lorsque nous quittons les lieux pour aller déjeuner et à la fin de la journée. Sa tactique est des plus simples: aux heures où nous quittons les lieux, il se place à la porte d'entrée et donne à chacun de nous une poignée de main:

«Ça va mon petit Coco?» «Bon appétit! Mon petit Coco», «Ah, tiens, transmettez mes salutations à Monsieur votre père et dites-lui surtout de ne pas oublier le petit chèque, car je dois payer les professeurs!»

D'un commun accord, nous le surnommons «le Petit Coco». L'homme qui parle avec un accent arménien est tout en rondeurs. Il joue à être sévère et peu enclin à la tendresse. Mais il n'est pas méchant.

Le bureau directorial de Petit Coco est splendide. Quelle classe! Les fenêtres, démesurément grandes, donnent une vue imprenable sur le jardin du Luxembourg. Un genre de télescope, installé dans un coin de la pièce, pointe vers le ciel. À première vue, on pourrait croire que le petit homme est un passionné des corps célestes. Pourtant, personne n'est dupe. Nous savons tous que cette lunette lui sert surtout le jour pour épier les étudiants qui ont l'imprudence de faire l'école buissonnière dans les allées du jardin. Le puissant instrument d'optique lui permet de débusquer avec une étonnante précision les flâneurs délinquants.

Comme cette découverte n'est pas encore connue de tous, il arrive que Petit Coco fasse irruption en plein milieu d'un cours pour interpeller publiquement le coupable, abasourdi d'avoir été pris en défaut. Ses mises en accusation sont brèves mais théâtrales. Il lève sa main, regarde son auriculaire et, tel un devin, dit:

— Qu'est-ce qu'il dit, mon petit doigt? Qu'est-ce qu'il dit? Il dit qu'il a un petit Coco ici qui n'est pas venu au cours parce qu'il est allé se promener au Luxembourg...

Sur cette révélation il regarde l'étudiant et d'un air satisfait poursuit:

— Et je peux même dire, à cause de mon petit doigt qui voit tout, avec qui notre petit Coco était dans le jardin. N'est-ce pas Mademoiselle Jacqueline? Pour cette fois, ce sera un avertissement, mais si vous recommencez, vous m'obligerez à sévir!"

À partir du jour où nous avons déréglé discrètement le jeu de lentilles de son instrument d'espionnage, nous avons eu un répit d'un mois.

Quand les chats veulent s'imposer en un lieu, ils marquent habituellement leur territoire. Je dois avoir quelque chose d'un félin. Pour faire ma marque dans le nouveau groupe (dans tous les sens du terme), j'entreprends un marquage à ma façon. Un bon midi, à la fin du cours, je badigeonne abondamment la paume de ma main droite de gouache blanche et, l'ayant montrée à toute la classe, me précipite vers la sortie afin d'être le premier à serrer la main de Petit Coco.

— Au revoir, Monsieur le directeur, lui dis-je respectueusement les yeux plantés dans les siens et ma main tendue vers la sienne.

— Bon appétit, mon petit Coco, répond-il avec courtoisie.

Un léger «squichchch» se fait entendre, mais cela n'éveille pas son attention. Comme toujours, ses pensées sont ailleurs. Elles doivent feuilleter son gros livre d'effets à recevoir.

En un tour de main (blanche), tout le monde est marqué. Je viens, quant à moi, de frapper un premier grand coup. Pour conforter ma réputation naissante de quelqu'un qui n'a rien à son épreuve, je mets au point un tour encore plus mémorable. Puisque l'école se veut libérale, une douzaine d'entre nous avons été choisis pour assister, en retrait dans une salle, à la première réunion de nos professeurs. Comme dans toute bonne réunion qui se respecte, une carafe d'eau est généralement installée en plein milieu de la table afin de désaltérer les orateurs. Discrètement, sans même en parler à mes meilleurs amis, je remplace l'eau du vase par de la vodka.

Les deux sont incolores. Impossible de voir la différence. Par contre, au goût, ce n'est pas la même histoire. Un premier professeur se lève, fait son exposé et, avant de terminer, fait une brève pause, se verse un verre de ce qu'il croit être de l'eau et l'avale d'un trait, autrement dit, «cul sec». Pour commencer, il reste complètement abasourdi, fait une effroyable grimace. Je suis le seul à savoir, à part lui, ce qu'il vient d'ingurgiter. Rapidement, il se ressaisit, sourit d'un air coquin et termine son exposé sans faire la moindre allusion à l'expérience qu'il vient de vivre.

Un deuxième conférencier se lève. Lui aussi passe par la même expérience. Il regarde maintenant son collègue et lui sourit d'un air entendu. Pendant qu'un troisième enseignant fait son laïus, Petit Coco, qui est assis à la table avec le groupe, est pris à son tour du besoin de se désaltérer. Il se verse une solide rasade de ce qu'il croit, lui aussi, être de l'eau et s'étouffe carrément en avalant la première gorgée.

— Je ne sais pas, mes petits Cocos, qui d'entre vous a fait ça, dit-il en dévisageant ses professeurs, mais ce n'est certainement pas un bon exemple à donner à des élèves dont vous avez la charge physique et morale... Celui-là, je ne le félicite pas!

La réunion se termine en queue de poisson et je suis, quant à moi, ivre de joie comme un poisson dans... la vodka.

Le lendemain, le plus sympathique – et le plus sévère – de nos professeurs, M. Lecomte, décide de redoubler de sévérité. Il est persuadé que le coupable de l'opération vodka se trouve parmi nous.

— Je vois que vous avez le sens de l'humour, dit-il. C'est très bien. Moi aussi. On peut se permettre de rigoler... mais seulement quand on a de bonnes notes. Or, jusqu'à présent, vous êtes plutôt en dessous de la moyenne. Donc, rira bien qui rira le dernier. La semaine prochaine, je vous donne une dictée. Tous ceux qui auront plus d'une faute — j'ai dit une — devront venir passer leur journée de congé en classe. C'est compris?

— Oui, M'sieur, répond la bande en chœur.

Tout le monde est inquiet. Il est bien évident que personne n'a l'intention de venir moisir à l'école alors que nous avons tous quelque chose de plus passionnant à faire. C'est le moment plus que jamais de faire marcher notre imagination. J'ai remarqué, depuis longtemps, que M. Lecomte trouvait ses dictées dans un petit hebdomadaire réservé aux enseignants, intitulé *L'École*. Pendant qu'il a le dos tourné, je feuillette discrètement sa petite publication et note que la rédaction se trouve rue de Sèvres, tout près du Bon Marché. Sans perdre de temps, je me rends au journal pour acheter le nouveau numéro (quelle chance!) qui vient tout juste de paraître.

«C'est mon professeur qui m'a demandé de venir chercher le journal», dis-je à la petite réceptionniste qui a pourtant été avertie que la publication était strictement réservée aux enseignants.

Il y a fort à parier que M. Lecomte puisera sa dictée dans la dernière édition de *l'École*. Je fais donc circuler le journal dans toute la classe. Chacun copie méticuleusement le texte qui s'y trouve sous la rubrique «dictée» en espérant que le professeur ne changera pas ses habitudes. Le jour de la l'effroyable épreuve arrive. M. Lecomte prend son air de gardien de prison en se frottant les mains. Nous, nous avons tous peine à retenir notre rire. La dictée est terminée. Le prof ramasse les copies et, pendant la récréation, se met à nous corriger. Surprise: jamais ses élèves n'ont été aussi bons en français qu'aujourd'hui! Seul, notre copain Bonnafous (toujours égal à lui-même) se plante avec une faute d'inattention. Encore surprenant qu'il n'en ait fait qu'une seule...

La brochette d'élèves qui fréquentent l'*Institut universitaire* est très variée. On y trouve de tout: beaucoup de fils (et de filles) à papa, des oisifs, des tire-au-flanc, des flemmards, des feignants et des tire-au-cul, quelques génies, des studieux, des travailleurs acharnés, des zélés, et quelques voyous fort sympathiques.

Nous participons tous, avec une joie que nous avons peine à contenir, aux monômes, ces manifs d'étudiants, généralement bon enfant, très populaires au Quartier latin.

Un jour, un défilé d'étudiants, aux proportions gigantesques, se forme spontanément au Val-de-Grâce. Le plus vaillant et le plus acrobate d'entre nous décide d'accrocher au sabre de la statue du maréchal Ney, un fil au bout duquel il réussit à suspendre un encrier. Cette performance lui mérite une ovation à tout rompre. Attirés par les cris sauvages, deux policiers à bicyclette – qu'on appelle des «hirondelles» – s'avisent d'aller disperser les joyeux manifestants. Ils sont deux contre trois cents. Quelle bravoure! À peine arrivées près de la statue du maréchal, les deux hirondelles se font littéralement assaillir. Leurs képis deviennent rapidement des ballons. Leurs capes volent dans les airs. En deux minutes, les malheureux sont déshabillés puis relâchés... en caleçons. C'est l'éclat de rire général. On les voit enfourcher leur bicyclette et repartir, rouges de honte, au commissariat. Cinq minute après, un car de flics se pointe. Ça ne rigole plus. Les capes (lestées de plombs) et les bâtons s'agitent. La foule s'effiloche. On est encore loin de Mai 68...

L'*Institut universitaire* est une maison mixte. Un statut qui favorise grandement la création de nouveaux liens entre garçons et filles. Dans ce frôlement quotidien, mes préférences vont à Arlette, une ravissante brunette aux cheveux frisés, pétillante et constamment d'humeur à plaisanter; ainsi qu'à Madeleine, qui est grande, grassouillette et qui a une bouche tellement minuscule que je l'imagine mal mangeant son potage avec une cuillère à soupe. Madeleine est drôle, maternelle et toujours prête à faire nos devoirs à notre place. Un ange.

Maintenant que Jean-Louis et moi nous sommes retrouvés, nous ne nous quittons plus. Entre nos cours (obligatoires) et nos dragues (obligatoires, elles aussi), il nous reste à peine un peu de temps à consacrer à notre passion pour le cinéma. Fascinés par le Ciné-club du Quartier latin pour lequel je continue à produire des affiches, mon copain et moi décidons de créer, nous aussi, un ciné-club. Après tout, on n'est pas plus cons que les autres. En partant de cette encourageante évidence, nous décidons de plonger. Nous pensons qu'une soirée d'essai devrait nous éclairer sur nos chances de réussir dans un domaine occupé pour l'instant par un seul «concurrent». Si l'expérience s'avère un succès, nous serons lancés. Si, par malheur, on devait rater, on ne recommencerait plus. Tout compte fait, le risque n'est pas trop grand.

Nous louons donc une salle miteuse à Arcueil-Cachan, un projecteur, un écran, un long-métrage (*«Pour toi, j'ai tué»*, mettant en vedette Burt Lancaster), et faisons imprimer un millier de prospectus que nous allons distribuer nous-mêmes dans les rues de Paris. Nos coûts sont réduits au minimum. Pour faire rouler l'affaire, nous sommes trois: Jean-Louis, notre copain Bonnafous et moi. Bonnafous, dit le Rouquin, nous assure savoir faire fonctionner un projecteur 16 mm, une tâche qu'on ne peut confier au premier venu.

Le soir de la première représentation, qui doit nous ouvrir la voie du succès dans l'industrie du film, tout est en place, sauf... les spectateurs, qui sont à peine une quarantaine dans une salle dont la capacité est de trois cents places. Nous ne sommes pas très sûrs de couvrir les frais, mais il est 20 heures et il n'est pas question de reculer. Jean-Louis et moi allons nous installer dans la première rangée, collés à l'écran. À notre signal, Bonnafous éteint les lumières et démarre la projection. Au bout de trois minutes, un roulement étrange se fait entendre dans l'allée. Le bruit se rapproche. Soudain, nous voyons apparaître à nos pieds la grande bobine du film qui s'est dégagée accidentellement du projecteur. C'est la catastrophe! Le rouleau de film tourne sur lui-même comme une toupie, des centaines de mètres de pellicule jonchent le sol. La projection est interrompue. Furieux, les spectateurs se lèvent et exigent d'être remboursés. En sortant de la salle, ils piétinent sans ménagement (et sans doute non sans un certain plaisir), l'œuvre immortelle que nous avons louée à prix d'or.

Non, assurément, nous ne sommes pas faits pour le ciné-club. Par contre, nous sommes toujours autant attirés par l'industrie cinématographique et aussi, pour tout dire, par les filles qui commencent à me faire trembler d'une convoitise inconnue. Premiers balbutiements, premières expériences.

cha**Y**itre

... comme dans YEUX

On a l'œil mauvais, l'œil
féroce mais on ne peut
avoir que de beaux YEUX.
    Jacques Sternberg

Il y a tout d'abord Arlette, dont le nacre de la peau me fascine, puis Ariane qui a une grâce aérienne, puis Brigitte (sosie de la comédienne Brigitte Auber), qui adore lutiner au *Capoulade* en sirotant un Coca, puis Nina, souveraine d'aisance et, finalement, il y a Sonia, une ravissante eurasienne de mère française et de père chinois.

Sonia, c'est toute la beauté du corps féminin dans sa tendre adolescence, toute la splendeur de la vie. Un gouffre de velours. Dans ses beaux yeux en amande, je suis mon propre égarement. La douceur de sa voix me touche profondément, je ne sais pas où au juste, mais pas précisément dans les oreilles. Sonia me fait découvrir des fontaines de douceur. Elle m'entraîne dans un tourbillon étourdissant, m'enlace, m'embrasse, me suffoque. On se perd dans les câlineries, les papouilles, qui sont d'une tendresse infinie (tout le contraire de l'amollissement pour moi), mais je ne fais rien... d'historique. Je voudrais bien, mais je n'ose pas et puis, à vrai dire, je suis paralysé par le trac parce que je ne sais pas «comment». Il y a aussi un autre problème. Écartelé entre l'appel de la chair et la terreur du péché (comme a dit... qui, au juste?) j'ai des témoins intérieurs: mon père, ma mère et toute l'église catholique au complet avec le pape en tête. À cause de tout cela, je suis totalement empêtré dans mes curiosités et les hontes qu'elle font naître en moi. J'ai beau avoir le feu aux joues — c'est une manière de parler — et les mains folles, je dois faire des efforts infinis pour faire bonne contenance. Je prends mon temps en espérant que Sonia pensera que je fais durer le plaisir. Après tout, quand l'amour est une musique, il ne faut pas aller plus vite que le tambour. Je traite mon amoureuse avec timidité et une pudeur exemplaire, en espérant qu'elle appréciera le fait que je ne suis pas un goujat comme les autres (ceux qu'elle a connus avant moi), que je ne suis pas avec elle, juste pour... ça. Je repousse le moment fatidique, que Sonia réclame avec de plus en plus d'insistance, jusqu'au moment où il me faut tout sacrifier, l'abandonner et prendre courageusement... la fuite. Sonia, qui est très sensible, choisit cet instant pour me dire, les yeux en larmes, qu'elle m'aime et qu'elle m'aimera toute la vie! C'est rudement long une vie. Surtout s'il faut que je la passe dans l'état dans lequel elle me met chaque fois que je la frôle. Dur, dur... tout ça. Il n'y a pas d'autres solutions que de tourner la page.

Sur les entrefaites, je rencontre la première bouée féminine qui flotte sur mon chemin, boulevard Saint-Michel, et je m'y accroche. Elle se prénomme Marie-Claude. Elle vient de Provence et, cela va de soi, parle avec un fort accent méridional. Marie-Claude, mon rayon de soleil, est un moyen d'évasion et un motif d'orgueil, car je suis persuadé qu'elle est la plus belle fille du Quartier latin. D'ailleurs, tous mes copains lui font une cour assidue. Sa mère tient un hôtel à l'ombre de la Sorbonne. Sa sœur est mannequin et vit tout près de chez moi, dans un luxueux appartement que ses mirobolants cachets lui ont permis d'acquérir. Un jour, sa grande sœur part en voyage et remet les clés de sa maison à Marie-Claude afin qu'elle puisse aller arroser ses plantes.

«Si tu veux, me dit ma petite Marseillaise avec son air coquin, ce soir nous pourrions nous retrouver à l'appart... On sera tranquilles...» Par *tranquilles* elle veut sans doute dire que nous ne serons pas dérangés... En attendant le soir, je vis dans un nuage en m'abandonnant aux vagues inavouables qui ne cessent de monter en moi.

Problème: Comment faire pour quitter la maison après le souper sans éveiller les soupçons de mes parents. J'ai une idée. Le meilleur moyen de disparaître durant une petite heure est de prétendre que je vais aux bains publics, un lieu que la famille fréquente régulièrement pour pallier l'absence de sanitaires à la maison.

«Je sens que j'ai besoin d'une bonne douche!» leur dis-je après le dessert. Ma mère a une réaction tout à fait prévisible:

— *Yézouss Maria!* Qu'est-ce qui lui arrive à mon fils ces temps-ci? Voilà qu'il va aller prendre une douche au moment où il devrait aller au lit...

Mon père, lui, ne trouve rien à redire.

— Il est assez grand pour savoir ce qu'il veut, fait-il remarquer à ma mère.

Je ne sais pas s'il a deviné que je rêvais d'évasion, mais tout ce que je sais c'est que son commentaire inattendu m'est d'un grand appui. D'un geste décidé je me lève et mets déjà la main sur la poignée de porte.

— Si j'étais toi, dit ma mère, je n'oublierai quand même pas de prendre ma serviette et mon savon; à ce que je sache, ce n'est pas fourni avec l'eau chaude...

Quelle distraction...

Si je pouvais faire comme tout galant qui se respecte, c'est avec un gros bouquet de fleurs que je sonnerais à la porte de Marie-Claude. Or, c'est muni de mon savon et de ma serviette de bain que je me présente devant ma copine. Le ridicule de mon attitude ne m'empêche pas de sentir que, dans les minutes qui vont suivre, je vais vivre le plus grand vertige de ma vie.

Sans perdre de temps, on se met à se toucher avec une jolie confiance, à s'embrasser, à papouiner et à froufrouter dans un élan enflammé. Le bonheur que je vis supprime tous les précédents. Rapide à souhait, Marie-Claude trépigne au centre de sa jupe tombée sur ses talons. Le festival est dans ses yeux.

Sa poitrine me donne quatre mains et deux paires d'yeux. Elle m'ouvre les deux bras puis les deux jambes. L'expérience est nouvelle. Je ne sais pas si elle sait le cadeau qu'elle est en train de me faire là. Je sens démarrer les premiers soubresauts de ma mécanique sexuelle. L'instant qui suit tient de la pure féerie. Enlacés, nous nous retrouvons au lit, complètement en nage. La moiteur de nos corps me fait soudainement penser à la douche, mais le mirage des bains publics ne résiste pas à celui qui trouble mon esprit débordant de fantaisie et de fantasmes.

La tension devient insoutenable. Chaque muscle, chaque nerf, chaque veine de mon corps est tendu par une avidité de vie. Tout en moi se durcit dans le contact de la chair de moins en moins inconnue. Il est clair que je ne pourrai pas me maintenir indéfiniment dans cet état de grâce, qui a pris une envergure démesurée et difficile à dissimuler. L'imagination, de plus en plus pressante, va s'épuiser si on ne passe pas à la réalité. On ne peut plus reculer. C'est le moment de... conclure. Je me redresse vaillamment, guidé sans doute par un quelconque instinct de conservation, mais, curieusement, dans ma nouvelle position mon regard se pose par pur hasard sur le réveille-matin installé juste devant mes yeux, à la tête du lit. Catastrophe: il est dix heures trente du soir... Les bains publics sont fermés depuis 90 minutes. Je suis foudroyé. Le temps a passé si vite. Sans attendre un quart de seconde de plus je saute dans mes souliers avec la rapidité d'un pompier appelé par son devoir et déserte lâchement ma chaleur provençale comme un vrai voleur.

Avant de refermer la porte derrière moi, je me rends compte que la malheureuse essaie de dominer de son mieux sa frustration et sa rancune, par une attitude de détachement très civilisée.

— Si j'ai bien compris, laisse-t-elle tomber la moue désabusée, je ne te plais pas!

Elle doit ajouter autre chose encore, mais je suis déjà loin.

À la maison, c'est la panique générale. Mon père revient tout juste de l'établissement où je suis censé avoir été prendre ma douche. Ne me voyant pas rentrer, il a cru que, par accident, le préposé des douches m'avait tout simplement enfermé à clé à l'intérieur. Il a aussitôt alerté les responsables et fait ouvrir les douze cabines, une à une, pour constater que son fils ne s'y trouvait pas. Quelle humiliation! Il aurait sûrement préféré me trouver étendu par terre sur ma serviette de bain...

Je m'en tire en faisant croire qu'une fois mes ablutions terminées, j'avais senti le besoin de faire une promenade en plein air, histoire d'oxygéner mes esprits. Je ne saurai jamais si mon père est réellement dupe ou s'il soupçonne quelque chose.

Il n'y a plus aucun doute, ma fuite apparaît à Marie-Claude comme une infamie. J'ai beau lui expliquer que deux personnes qui s'aiment ne peuvent pas réduire l'amour à ces pauvres réalités consommables, ça ne passe pas.

— L'amour c'est grand, c'est beau, c'est fort, c'est géant, c'est... dis-je à mon rayon de soleil... couchant.

Elle me regarde abasourdie, persuadée que si je n'avais pas rempli mes obligations d'homme au moment où il le fallait, c'est parce que j'ai découvert en elle quelque vocation monastique.

— Tu veux le fond de ma pensée? rétorque-t-elle.

Je n'y tiens pas réellement alors je lui réponds:

— Non!

Et le rideau tombe pour toujours.

Un peu de solitude, ça ne fait pas de mal. Mais la solitude ne dure pas. Quelques jours plus tard, je rencontre Renée. Elle n'est pas grande, brune, et beaucoup plus âgée que moi. Elle a une bouche pulpeuse. L'idéal pour le bouche-à-bouche que réclame l'état du noyé que je suis. Ma nouvelle bouée paraît touchée par ma sérénade enflammée. Cette fois, je sens que tout va être différent, car je suis amoureux d'une façon qui m'était inconnue jusqu'ici. Je l'embrasse en faisant attention de ne pas mouiller sa joue, tout en sentant cependant que quelque chose d'essentiel m'échappe.

Renée a une sœur plus jeune qu'elle. Comme elle est seule et s'ennuie, nous lui présentons mon copain Marcel, qui est dans le même état qu'elle, c'est-à-dire totalement libre. Après deux ou trois rencontres, Marcel constate malheureusement que la petite sœur de Renée préfère les jeunes filles aux garçons.

Marcel est un garçon qui ne doute pas de lui. Il est décidé à poursuivre la relation, quoi qu'il advienne. «Parce que, dit-il, une conversion est toujours possible!» J'ignore pour l'instant si la biche égarée est décidée à faire un retour sur ce que mon ami Marcel considère comme une «meilleure conduite», parce que j'ai moi-même trop à faire avec ma nouvelle flamme.

Quand je rencontre Renée, mon cœur se met à sautiller, mes jambes deviennent toutes molles. Mes jambes seulement... Mes mains courent partout sur son corps, s'attardent, nous stimulent tous les deux. Je joue à la petite bête qui monte, qui monte, qui monte sous la jupe. Alanguie par l'intensité de nos bouche-à-bouche, elle se laisse dorloter. Sa main, plus expérimentée que la mienne, me cherche mais je me dérobe. Je persiste à l'aimer dans le plus chaste amour, mais pourtant je me sens coupable. Je pressens que cette histoire va finir comme les précédentes. C'est peut-être mieux ainsi, car, en bon catholique que je suis, je dois me garder chaste pour la femme que j'épouserai à l'église, beaucoup plus tard, au risque de commettre un péché mortel et brûler en enfer pour l'éternité.

Ce soir, en rentrant à la maison, à la tombée de la nuit, je croise Sonia. Mon ex-amie est fâchée, presque ivre de mépris. Je suis très surpris. Je pensais pourtant qu'elle m'avait évacué de sa mémoire.

Elle m'interpelle aussitôt sur le trottoir d'une voix franchement menaçante:

— Je t'ai dit que je t'aimerai toute ma vie. Tant pis pour toi. Tu ne veux pas de moi, alors tu vas mourir! Je te préviens que j'ai demandé à ma bande de Chinois de te tuer. Tu vas mourir. Tu entends? TU VAS MOURIR! Adieu .»

Elle part de son côté tandis que je repars du mien, à la course, laissant lâchement Sonia derrière moi. Cette rencontre me fait de la peine. Je ne sais pas si c'est par faiblesse ou manque de caractère, mais j'ai toujours éprouvé de la répugnance à faire de la peine à autrui. Pour arriver à la maison, il me faut traverser un long couloir sombre qui conduit à une cour intérieure, plongée elle aussi dans l'obscurité la plus totale. Dans cette atmosphère lugubre, la menace de Sonia prend soudainement des proportions inattendues.

«J'ai demandé à ma bande de Chinois de te tuer...»

J'entends «tuer, tuer, tuer...» comme un martèlement obsédant. Une peur panique s'empare de moi. Comment vais-je faire pour traverser ce long tunnel? Et si les Chinois étaient déjà là, leurs longs couteaux en main? Il n'y a plus un moment à perdre. Je décide de faire la traversée du corridor de la mort avec la rapidité d'une flèche. De cette manière, ils ne m'auront pas. Ils n'auront pas le temps de me voir venir. Sitôt décidé, sitôt fait. Je prends les jambes à mon cou et je m'élance dans la nuit. Je suis tellement aveuglé par ma peur et la nuit profonde que je ne remarque pas la série de poubelles qui se trouvent sur mon passage, entassées contre le mur. Allant à vive allure, je les heurte l'une après l'autre dans un bruit infernal qui m'effraie encore davantage et m'arrache un véritable cri de détresse:

— Ahhhh. Nooooon! Vous ne m'aurez pas! NON, NON, NON!

Toute la maison est réveillée. La concierge se met à hurler elle aussi:

— Qui va là? Qui va là? Vite... vite... police, police!

Dieu merci, la pipelette ne me reconnaît pas. J'ai juste le temps de grimper les marches de l'escalier et de fermer la porte derrière moi.

À défaut de mourir sous les couteaux chinois, j'aurais bien pu mourir de peur... Bravo Sonia! Bien joué!

Cette dernière expérience est une occasion pour moi de réfléchir sur le besoin que j'ai de rechercher de plus en plus la présence féminine. En faisant le bilan, je suis forcé d'admettre que, ces temps derniers, j'ai investi beaucoup de temps à essayer de trouver le réconfort auprès de petites amies à la fois vulnérables et dévouées qui me donnent l'impression d'offrir alors que je me sers, et d'être un soutien solide alors que je m'accroche. Tout compte fait, je décide qu'il est sérieusement temps pour moi de mettre temporairement de côté mes petites aventures sentimentales pour me consacrer davantage à autre chose de plus constructif.

C'est là que je repense à mon oncle Buquet qui a consacré sa vie à la recherche. Il vit seul, manque de temps et ça ne l'empêche pas d'être bardé de brevets d'invention. J'aimerais pouvoir suivre sa voie. Une idée originale frappe mon imagination au moment précis où je pense à lui.

Elle a trait au compas que j'utilise de plus en plus souvent pour mes travaux d'illustrateur. Le problème que je rencontre, comme beaucoup d'autres sans doute qui utilisent cet instrument, c'est le traçage des cercles à l'encre. Une fois sur deux, je gâche mon dessin par une goutte qui s'échappe malencontreusement du bec ajustable de la plume, censé retenir l'encre. Mon idée est toute simple. Il s'agit de remplacer la partie réservée à l'encre par un système permettant d'utiliser, à la place de la plume, cette nouveauté qu'est le stylo à bille. Du coup, plus de danger d'accidents. Je parle de mon idée à mon oncle, qui propose volontiers de me donner un coup de main pour rédiger la description technique du système que j'ai imaginé. Quelques jours plus tard, accompagné de mon guide, je dépose fièrement mon invention au Bureau des Brevets à Paris.

— C'est un début, dis-je à mon oncle. C'est mon premier. Il me reste encore beaucoup de chemin à faire pour vous rattraper...

Malheureusement, je ne suis pas l'oncle Buquet. Et on n'invente certes pas de nouveaux objets comme on veut. Je vais donc devoir satisfaire mon besoin de création dans un autre domaine, en l'occurrence celui du cinéma, qui demeure toujours une véritable passion. Jean-Louis est parfaitement d'accord avec ma décision, mais ne tient pas à recommencer une autre expérience de ciné-club, surtout pas avec Bonnafous comme associé. Le petit rouquin, s'il était chasseur, serait capable de rater un éléphant dans un couloir.

— La solution, dis-je à Jean-Louis, c'est de fonder un club d'essai! Un organisme qui, au lieu de montrer les films des autres, s'occuperait plutôt d'en tourner lui-même.

L'idée lui sourit, mais il sait comme moi que la production de films «professionnels» est tout à fait au-dessus de nos moyens. La solution serait de trouver quelqu'un qui aurait confiance en nous et serait prêt à nous avancer une petite somme d'argent pour notre première production. Nous sommes tout à fait persuadés que, pour notre deuxième film, nous n'aurons plus besoin de demander la charité à qui que ce soit.

La première personne à laquelle nous pensons n'est nul autre que le père de Jean-Louis. M. Morgin est tout à fait réceptif à la proposition, d'autant plus, m'avoue-t-il, que la crise d'adolescence dans laquelle était plongé son fils ces temps derniers commençait à l'inquiéter. Notre financier pose cependant une condition:

— Je veux bien vous payer toute la pellicule dont vous aurez besoin, précise-t-il, ainsi que le développement des films, mais je ne le ferai qu'à condition que vous ayez un caméraman professionnel ou tout au moins un cadreur qui étudie sérieusement le cinéma!

L'objectif n'est pas difficile à remplir, et nous n'avons aucun mal à trouver un jeune homme sur le point de terminer ses cours à l'école de cinéma. Pour lui, notre proposition est une véritable aubaine.

Nous nous mettons aussitôt à écrire notre premier scénario. Ce sera, nous en convenons à l'avance, le premier d'une série de films qui mettront en vedette deux comédiens (nous) interprétant des rôles de personnages estudiantins, «Les Barbus». Le fait que nous soyons encore imberbes augmentera (croyons-nous) l'intérêt, car pour bien remplir notre fonction, nous porterons chacun un bouc (faux, naturellement).

Nous baptisons notre club d'essai: *Fravili Films*. L'appellation est très réfléchie. Le nom, de consonance plutôt italienne, est composé des initiales des pays suivants: France (FR), Angleterre (A), Vietnam (V), Italie (I) et Lituanie (LI) pour la simple raison que les cinq premiers associés de la *Fravili* sont originaires de ces pays.

Sitôt les cartes de visite, les tampons et les papiers à en-tête commandés, nous sommes prêts à passer à l'action.

C'est décidé, le premier film de notre série portera le titre: *Les Barbus déménagent*. L'histoire se résume en deux mots: deux copains barbus décident de quitter leur province pour venir s'installer à Paris. Chemin faisant, il leur arrive une série de mésaventures rocambolesques, parmi lesquelles, à cause d'un dramatique malentendu, une bande de Chinois (appartenant présument aux redoutables «Triades») décident de les tuer. (L'origine de l'inspiration concernant les tueurs chinois est facile à retracer...)

Pour nous faciliter la tâche, M. Morgin met à notre disposition une petite chambre de bonne située au sixième étage de son immeuble, rue des Écoles. Nos réunions de production se déroulent toutes dans ce minuscule local, voisin d'une autre chambre du genre qu'occupe un vague étudiant, à peine plus âgé que nous, et dont nous ne savons pas grand-chose sinon qu'il fume sans cesse. On le surnomme aussitôt Casanova.

La promiscuité des lieux et la gracilité des cloisons font que les activités (assez bruyantes) auxquelles s'adonne Casanova nous empêchent souvent de nous concentrer. L'un de nous a une idée. Il suggère que nous percions un petit trou, à quelque 15 centimètres du sol, dans la cloison mitoyenne à nos deux chambres, par lequel, grâce à un petit tuyau de caoutchouc, il nous sera possible d'enfumer la chambre du voisin dès que nous entendrons grincer son lit à ressorts. Tout le monde trouve l'idée géniale. La première opération a lieu le jour même. Aux premiers sons émis par le sommier à ressorts de Casanova, nous nous relayons à quatre pour lui envoyer de la fumée de Gauloise par le trou qui arrive, d'après nos savants calculs, juste en dessous de son lit. Pendant la durée des ébats amoureux, auxquels nous assistons en involontaires «auditeurs-voyeurs», nous avons le temps de fumer chacun deux cigarettes et d'évacuer leur fumée de l'autre côté de la clôture.

Notre fumerie ne prend fin qu'au moment où nous entendons la partenaire de Casanova se mettre à tousser.

L'entracte du fumoir stimule curieusement l'esprit de notre équipe, qui n'a qu'une hâte: commencer à tourner. Le premier tour de manivelle est donné en banlieue de Paris. La scène représente les deux barbus au volant d'une vieille voiture, qui traversent un champ de pommes de terre. Le champ n'a pas été choisi par hasard mais par nécessité. En effet, ni Jean-Louis ni moi ne savons encore conduire. L'auto, une Donnet ZL, un véhicule de collection que notre copain Bonnafous a «emprunté» à son père (sans lui en demander la permission, bien sûr), est encombré de malles, de caisses, de boîtes et d'une série d'objets hétéroclites. Dès la première image, on doit comprendre que les barbus déménagent! Parmi les objets qui encombrent le toit de la vieille automobile, nous avons placé une cage contenant deux jolies perruches, l'une jaune, l'autre bleue. Elles représentent la participation du père de Jean-Louis qui, désireux d'apporter sa touche personnelle à la production, l'a dérobée à sa femme. Si elle le savait, la pauvre, elle serait furieuse... «Ne vous en faites pas, les garçons, nous dit

M. Morgin. Dès que le tournage sera terminé, je rapporterai les oiseaux. Ni vu ni connu. Ma femme n'en saura rien.»

«Prise UN!», crie Bonnafous.

La caméra démarre. L'auto démarre aussi. Le sol est chaoteux. On se croirait sur des montagnes russes. L'auto sautille, bringuebale, s'étouffe, repart. La scène est exactement comme nous l'avions rêvée. Soudain, une roue frappe un gros caillou. Sous le choc, totalement imprévu dans le script, la cage de verre se détache et vient se fracasser sur le sol. Les deux perruches en profitent pour se sauver. Le père de Jean-Louis n'a qu'une idée en tête: rattraper les précieux volatiles de sa femme. Il oublie complètement que nous sommes en plein tournage, s'élance à leur poursuite. La scène est tellement cocasse que nous décidons de la garder, quitte à modifier le scénario. Dans sa course effrénée, il parvient à capturer l'oiseau bleu, mais le jaune est introuvable. Que va-t-il pouvoir inventer pour expliquer la disparition du malheureux oisillon à sa femme?

Le mal qu'il se donne pour sauver la situation aurait pu faire partie du film, tant il est cocasse. En effet, avant d'entrer chez lui, M. Morgin fait réparer la cage et arrête au marché aux oiseaux où il achète une perruche jaune. Malheureusement, le jaune n'est pas tout à fait de la même teinte que celle de la perruche disparue. Il n'y a qu'une solution. À bout de ressources, notre bienfaiteur l'adopte: il achète de l'aquarelle jaune et... repeint l'oiseau au complet en espérant que sa femme n'y verra que du feu. Une fois la retouche complétée, le volatile prend un air complètement ridicule. Ses plumes se mettent à frisotter dans tous les sens et la bestiole se met à ressembler à un spécimen appartenant à une espèce en voie d'extinction.

Il arrive ce qui devait arriver: dès qu'elle entre au salon, madame Morgin se rend compte que son oiseau a été changé contre un épouvantail vivant. Il paraît que le pauvre M. Morgin est passé à un cheveu du divorce.

Les scènes subséquentes sont tournées à la cité universitaire, puis dans une chaloupe (dans laquelle les Barbus se sont réfugiés pour fuir les Chinois qui sont à leur trousse). Pour cette scène, nous mobilisons tous nos amis vietnamiens, mais il nous manque un chef de bande plus âgé. Le rôle est interprété par nul autre que le bon M. Morgin déguisé, pour la circonstance, en cruel tueur asiatique.

Les péripéties des Barbus se poursuivent dans un cabaret de Pigalle — *La Roulotte* — où, l'histoire le veut ainsi, ils se font engager pour présenter quelques sketches comiques de leur cru. La direction du cabaret a accepté que nous tournions cette scène dans son établissement à la suite du programme régulier de strip-tease qu'elle a l'habitude d'offrir à sa clientèle. Toutes les portes nous sont gracieusement ouvertes, même celles des loges où ces demoiselles, parmi les plus belles de Paris, se maquillent, s'habillent et se changent. Quelle aubaine... Malheureusement, pendant que nous déambulons dans les coulisses, nous apprenons que les ravissantes artistes sont des... travestis. En sortant du cabaret, nous devons franchir un véritable mur de femmes faisant le trottoir. L'une d'elles m'accroche par le bras puis, après m'avoir longuement examiné, dit:

«Reviens me voir dans dix ans, je t'attends!» Des types du milieu, à gueules de personnages de série noire, en ayant marre que des jeunots dans notre genre s'attardent dans le coin, nous font comprendre qu'il faut abréger le tournage, qui commence à trop s'allonger à leur goût. Réalisant que nous ne sommes pas la Metro Goldwyn Mayer, ils ne mettent pas de gants. Nous obtempérons, car leur forte «suggestion» n'est pas, bien sûr, à refuser. Il y aura des scènes à couper. *Exeunt* les faux barbus du monde des «travelos», comme dirait Shakespeare.

Ayant appris que deux jeunes mordus du cinéma tournaient un film de leur cru, le magazine du cinéma *Ciné-Digest* dépêche son reporter pour nous interviewer. L'article qui nous est consacré (intitulé: *Les amateurs ont leurs vedettes*) nous propulse aussitôt au rang de professionnels – ou presque. À partir de ce moment-là, tous les producteurs français, italiens, américains et britanniques nous invitent à leurs premières en nous traitant avec tous les égards qui sont dus à notre rang de jeunes cinéastes (qui ont bien «tourné») et représentent la relève de demain. Tous les espoirs sont permis.

Malheureusement, la réputation ne nous amène pas la fortune tant espérée. Pour boucler le budget, pas question de quémander. Nous sommes beaucoup trop fiers. Chacun doit y mettre du sien. C'était l'engagement de départ et nous nous y tenons. À la suite de cette aventure, M. Morgin est à sec et ses fins de mois sont difficiles. Il doit affronter les foudres de son épouse qui, depuis l'incident des perruches, a le cinéma, ses pompes et ses œuvres en horreur, sans compter que les problèmes financiers de son mari n'ont rien pour promouvoir la paix des ménages.

À la suite de cette incursion dans le monde du Septième art, M. Morgin ne regrette rien, car il s'est amusé comme un petit fou. Inventeur de son état (il possède une quarantaine de brevets dans son secteur d'activités), la réussite matérielle n'est pas son fort. Comme la plupart des créateurs, il n'est guère gestionnaire. Il compense ce défaut par une rare fantaisie, un sens du rêve et une joie de vivre qui lui permettent, dans la cinquantaine, d'avoir l'âme d'un jeune homme de vingt ans – un état d'esprit qu'il conservera jusqu'à ses derniers jours.

En attendant, il faut «assurer». La vie d'artiste continue. L'été est arrivé. Jean-Louis essaie tant bien que mal de vendre des journaux étudiants de gauche et de faire de la musique avec un groupe de jazz de style Nouvelle-Orléans qui, pour la bouffe et quelques francs dévalués, joue dans les petites boîtes de la Côte d'Azur très tard en soirée, après les spectacles réguliers. L'orchestre, très «Saint-Germain-des-Prés», secoue les clients pas trop amortis. Pour ma part, je remets les bouchées doubles comme affichiste, illustrateur et collaborateur (très mal payé) à *Humour Digest*. Et pour les quelques sous qui manquent, je m'engage dans l'armée des ramasseurs de vieux papiers. Muni d'un triporteur, fourni par l'organisation, je parcours tout Paris, frappe à d'innombrables portes en priant les gens de me donner tous leurs vieux journaux et leurs vieux livres que je revends au poids. Contrairement aux autres, je préfère travailler les jours de pluie. Pourquoi? C'est simple: le papier mouillé pèse plus lourd et rapporte davantage.

Au cours de cette joyeuse aventure, je rencontre Joseph, un jeune homme roux d'origine lituanienne. Un hurluberlu aux yeux torves, doté d'un corps d'athlète. Champion de natation, il sait parler le lituanien, le russe, l'allemand et au maximum quatorze mots de français. Son leitmotiv préféré est: «Moa pôvre étudiante!» qu'il utilise sans cesse en prenant l'air d'un être au bord de l'abîme. Avec ces trois mots passe-partout, il parvient à passer réellement partout. Ce costaud, que nous appelons entre nous «cerveau-lentille», est moins bête qu'il en a l'air. Il réussit à voyager gratuitement dans le métro en faisant presque pleurer les poinçonneuses à qui, dans l'espoir d'attirer la compassion, il exhibe sans aucune gêne ses chaussettes trouées et ses poches vides. Dans son état, il réussit même à se trouver des copines! Comment s'y prend-il? Je ne l'ai jamais su. Il doit sûrement leur parler avec ses mains. Lorsqu'il leur propose de l'accompagner au cinéma, il utilise un stratagème absolument infâme. Généralement, il s'achète un billet et, une fois dans la salle, court ouvrir la porte de la sortie de secours pour laisser entrer son «invitée». Lorsqu'il offre des fleurs à une fille, elles ont été la plupart du temps subtilisées dans un cimetière...

Joseph, dit «Jos» pour les intimes, ne manque certes pas d'imagination. Pour éviter de repriser ses chaussettes, il achète des bas nylon pour femmes. Lorsque le bas est troué, il lui suffit de le tirer jusqu'à ce que le trou dépasse les orteils. Il coupe alors la partie du bas devenu inutile et le tour est joué. L'ennui avec Jos, c'est qu'il ne cesse de faire la cour aux filles. Je me demande bien ce qu'elles peuvent lui trouver à cette brute. De toute façon, chaque fois qu'il en trouve une à son goût, il vient me supplier de l'aider à rédiger des lettres d'amour dans lesquelles il leur déclare sa flamme. Une flamme généralement gigantesque et nettement au-dessus de ses moyens. J'ai horreur de mon métier d'écrivain public, d'autant que je suis toujours tenté d'ajouter un PS aux missives dans lequel je voudrais dire: «N'en croyez pas un mot... Il vous dit n'importe quoi, ce mec, et si ce n'est pas vous, ce sera une autre!» Joseph sait tellement bien s'y prendre que je finis toujours par céder à ses suppliques et à lui écrire au moins une lettre d'amour par jour. Pour faire plus romantique — un sentiment qui lui est étranger — et pour pallier mon manque d'imagination en cette matière, je copie parfois d'interminables poèmes d'auteurs célèbres en faisant croire aux malheureuses victimes qu'il les a composés pour elles. Les vers que je couche sur son papier à lettres sont si beaux qu'aucune destinataire ne peut résister à la tentation. Jos est ravi. Il me convainc que sans mon aide il serait condamné à mener une vie de moine. À bien y penser, son cerveau, après tout, doit au moins avoir la taille d'une fève...

Entre-temps, la situation de mon père ne s'améliore pas. Nous avons beau recevoir de l'aide de la BALF et des colis de CARE qui nous aident à surnager, nous n'entrevoyons pas grand espoir pour des jours meilleurs. Ma mère finit par dire qu'elle préfère que tout aille de travers pendant la guerre plutôt qu'en temps de paix car, dit-elle: «Pendant les hostilités, quand tout va mal, on sait au moins que ça va mal pour tout le monde!»

Après mûre réflexion, toute la famille conclut un jour que notre avenir n'est pas en France. Il est ailleurs: au Liban, en Australie, en Nouvelle-Zélande, aux États-Unis ou au Canada où, nous a-t-on appris, il existe une province où l'on parle le français! D'ailleurs à Paris, un chanteur du nom de Félix Leclerc (dit «le Canadien») fait des ravages. Je crois que mon père y voit un signe:

— C'est jeune, c'est beau, c'est frais, ça doit être comme son pays! affirme mon père, enthousiaste.

Par je ne sais trop quel concours de circonstances, Hélène de Poutilof, une amie à moi, m'annonce qu'elle a eu la chance d'accompagner Félix dans une de ses tournées, en France. Elle en revient complètement chavirée. Il lui a donné le goût, à elle aussi, d'aller vivre dans cette mystérieuse province d'Amérique où, par un miracle qu'on ne s'explique pas, on parle encore le français.

Renseignements pris, pour émigrer au Canada il y a une très longue attente, à l'exception de ceux qui ont un emploi assuré et une famille qui les attend.

Une amie lituanienne, rencontrée à Paris, vient justement de quitter la France pour se marier et s'installer à Montréal. Elle aide mon père à trouver un emploi dans cette ville et se propose même de dire, pour les besoins de la cause, qu'elle est notre parente. Père remplit minutieusement tous les formulaires requis auprès de l'ambassade du Canada en affirmant qu'il a un emploi qui l'attend à Montréal (ce qui est vrai) ainsi qu'une vague cousine (ce qui est faux) qui a très envie de nous revoir et de nous aider à nous installer dans notre nouvelle patrie. La chance est avec nous. Nous sommes aussitôt convoqués afin de répondre à une série de questions et passer les visites médicales réglementaires. Si tout se passe comme prévu, j'aurai le temps de finir mon année scolaire à l'Institut universitaire avant de traverser l'océan pour aller vivre au Québec.

Quelques jours avant la fin de l'année scolaire, selon la coutume, le Petit Coco fait photographier toutes les classes dans un beau coin de jardin du Luxembourg. Les photos sont ensuite vendues aux élèves en souvenir.

Tout le monde est là, regroupé sur les marches du jardin. Arlette, Madeleine, Serge, Jean-Louis, Couty, Lambrou, Bardin, Godinot, Ruat et les autres. Les plus petits sont placés devant, en compagnie des professeurs et du directeur, et les grands escogriffes, dont je fais partie, tout en haut des marches de l'escalier, entre les statues de Clémence Isaure et d'Anne Marie Louise d'Orléans, duchesse de Montpensier, et deux vases d'albâtre débordants de fleurs. Le photographe se trouve tout en bas. Il se débat depuis dix bonnes minutes pour régler l'intensité de la lumière et ajuster la focale de son antiquité à voile noir et à plaques. Il s'agit d'une photo officielle, que chacun voudra conserver. Il ne peut se permettre de la rater. Je suis fatigué d'attendre ainsi figé en haut de l'escalier. L'impatience commence à me gagner, quand, soudain, je vois passer, non loin de là, un clochard portant une barbe hirsute. L'olibrius est solidement ravagé par l'alcool. Il a une bouteille plantée dans sa musette et un air complètement hagard. Je me déplace discrètement vers lui pendant que le photographe s'affaire à charger son appareil, puis lui tends une pièce de monnaie en lui demandant de bien vouloir venir se joindre à notre groupe. Le brave homme est consentant. Il vient se placer avec nous, bien en vue, au dernier rang.

«Attention! Tout le monde regarde devant. Souriez… le petit oiseau va sortir!» annonce le photographe. Comme le veut la tradition, il fait un doublon de la photo et nous sommes libérés…

Inutile de dire que, cette année, les élèves de la classe de première de l'Institut universitaire n'ont pas eu leur photo souvenir comme les autres. Le Petit Coco nous a officiellement annoncé que le photographe l'avait malheureusement ratée…

cha**Z**itre

... comme dans ZÉRO

Métro, boulot, dodo, ZÉRO.
Pierre Béarn

Notre visa d'immigration est prêt. Malheureusement, nous n'avons pas de passeport. Le gouvernement français consent à nous délivrer un document d'identité vert à titre «d'apatrides». Quand vient le temps de me délivrer le mien, le fonctionnaire me dévisage longuement puis, d'un geste auguste de gratte-papier, inscrit sur l'espace réservé aux signes particuliers: «menton en galoche». Personne n'est parfait.

Quelques jours plus tard, Marcel, Jean-Louis et son père viennent nous dire adieu à la gare. En me séparant de mes deux amis, je leur fais la promesse de les faire venir au Canada. Quelques heures plus tard, mon père, ma mère, mon frère et moi, nous retrouvons à Hambourg, en Allemagne où nous attend le *S. S. Nelly*, un bateau affrété par l'Organisation internationale des réfugiés. Le 28 mai 1951, à l'aube, alors que tout le monde dort encore, un cri déchirant retentit sur la passerelle: «Canada! Canada!»

C'est un vieux rabbin, un compagnon de traversée qui, le premier, aperçoit les côtes canadiennes. Il est tellement euphorique que l'on croit tous entendre Christophe Colomb crier: «Terre! Terre!»

En un rien de temps, tous les passagers se retrouvent sur la passerelle et, dans un geste aussi symbolique que spontané, jettent par-dessus bord un vieux vêtement. La joie est à son comble. On rit, on crie, on chante, on s'embrasse tous. Notre nouveau pays d'accueil est là. Dans quelques instants, nous foulerons son sol. Le rabbin est complètement déchaîné. Il s'empare d'un chandail que son fils était en train d'enfiler et lance le vêtement à la mer. Puis, dans le même élan, il balance sa vieille pelisse sous les applaudissements nourris de nos compagnons d'infortune, regroupés près du bastingage. Le rabbin est ivre de joie. Il rit à gorge déployée et tourne en rond devant nous comme une toupie. Soudain, il prend sa tête entre ses mains et se met à pleurer à chaudes larmes. Comme il semble inconsolable, on le questionne à tour de rôle pour comprendre son changement d'humeur.

Le rabbin avoue alors qu'il avait cousu ce qui représentait pour lui une petite fortune dans la doublure de son manteau. Il avait volontairement omis de la déclarer au départ, car si l'OIR avait su qu'il possédait une telle somme, jamais l'organisme d'aide aux réfugiés n'aurait accepté de lui offrir un voyage gratuit.

Il y a quand même une justice, même pour les ministres du Très-Haut. Le rabbin est maintenant comme nous tous, c'est-à-dire sans le sou.

Au port d'Halifax, les officiers d'immigration nous souhaitent «Welcome» et nous parlent tous en anglais. Se pourrait-il que mon père se soit trompé à ce point? Moi qui croyais qu'on pourrait parler français...

Un comité d'accueil nous asperge tous de DDT et nous colle des étiquettes sur le revers de nos manteaux. Quelques minutes après, nous sommes invités à monter dans un train à destination de Montréal. J'ai franchement l'impression d'être un colis. Non recommandé. Outre mon nom et l'adresse du destinataire, mon étiquette porte le numéro 208.

J'espère que ce sera un numéro gagnant.

Épilogue

On n'oublie rien
On n'oublie rien du tout
On s'habitue
C'est tout.

Jacques Brel

Le temps a passé en laissant sur moi son inévitable empreinte.

Quelques mois après notre arrivée à Montréal, mon père est mort. Tumeur au cerveau. Il avait trente ans de plus que moi. Je suis resté inconsolable.

Ma mère a vécu jusqu'à 95 ans. Même après la libération de son pays, elle n'a jamais voulu revoir la Lituanie.

La mort m'a ravi aussi ma marraine, mon parrain et la tante Kiss.

En prenant de l'âge, l'oncle Buquet manqua d'énergie pour poursuivre ses recherches. Afin de pourvoir à ses besoins, il se résigna à vendre ses maisons en viager. Au bout de quelques mois, il se rendit compte que sa santé périclitait. Son acheteur avait le malheur de lui demander tous les jours: «Bonjour! Comment allez-vous ce matin?» Il était convaincu que la question de l'homme cachait un maléfice. Résultat: il remboursa son locataire aux vibrations négatives et continua à vivoter seul et endetté en compagnie de ses petites souris, jusqu'au jour où la mort vint le chercher. Le malheureux est mort ruiné. L'administration française me fit savoir que mon oncle m'avait nommé son unique héritier. Ce témoignage d'affection m'a comblé de joie. Rien n'a jamais pu m'enlever cet honneur. Pas même la lettre officielle que je reçus quelques mois plus tard réclamant, à l'héritier que j'étais, la dette de quelque deux cents dollars (sans intérêts!) qu'il avait contractée, un demi-siècle auparavant, alors qu'il faisait... son service militaire!

Il n'y a pas longtemps, j'ai reçu une lettre de France. Elle était signée de Marcel Barbezier, le fils du viticulteur de Loupian. Dans sa lettre, Marcel me raconta comment, un jour de pluie, alors qu'il se promenait avec sa femme dans un vaste champ abandonné, il donna un coup de pied dans une boîte de carton contenant une série de vieux *Reader's Digest*. Il en prit un au hasard, l'ouvrit et tomba sur l'extrait d'un livre. Il s'agissait de mon autobiographie. Ayant reconnu mon nom, il écrivit à la rédaction de la publication qui me fit suivre sa lettre. Aussitôt, nous nous sommes revus à Loupian. Son père n'était pas au rendez-vous: il était mort depuis fort longtemps déjà.

Mon frère, lui, vit à Montréal. Il a trois enfants et dix petits-enfants.

Marcel et Jean-Louis sont venus s'installer au Québec où ils ont fondé chacun une belle famille. Marcel, qui n'a jamais plus écrit de scénarios, vient de prendre sa retraite. Jean-Louis a pris la sienne, lui aussi, mais comme il n'a jamais su rester inactif, il continue, à ma plus grande joie, à travailler à mes côtés.

Joseph, l'ineffable hurluberlu à qui j'ai servi d'écrivain public, a vécu un temps au Québec où il avait réussi à faire immigrer une séduisante coiffeuse parisienne. Son mariage – (c'était prévisible) – n'a duré que quelques semaines. L'union du couple a pris subitement fin lorsque la malheureuse a appris que les lettres d'amour qui l'avaient fait chavirer n'avaient pas été écrites par son fiancé mais... par un inconnu. Dans sa lettre d'adieu (que j'ai dû traduire à Joseph parce qu'il ne savait guère plus de 28 mots de français), elle avait mis une note à mon intention. Elle se lisait comme suit: «*J'aimerais que tu dises à celui qui rédige tes lettres d'amour (que tu n'as eu qu'à*

retranscrire), qu'il est très doué. Finalement, ce n'est pas de
toi dont j'étais amoureuse, mais de LUI!»

Voilà sans doute pourquoi je n'ai jamais plus écrit de lettres
d'amour à personne, pas même aux femmes que j'ai aimées de
tout mon cœur.

Ne jamais écrire «je t'aime». Le prouver suffit amplement.

La vie a fait que la plupart des chanteurs et comédiens fran-
çais que j'ai admirés adolescent, je les ai interviewés pour la
télévision, lorsque je suis devenu journaliste. Entre autres:
Fernandel, Tino Rossi, Georges Guétary, Jean Marais, Line
Renaud, Annie Cordy, Catherine Sauvage, Michèle Morgan et
Juliette Gréco, dont j'ai édité l'autobiographie. Quant à Pierre
Dudan, dont je me suis toujours senti très proche, sans doute à
cause de son immense talent et de sa triple nationalité, je suis
devenu son ami et son éditeur. Peu de temps avant sa mort,
Pierre m'a fait cadeau d'une de ses plus belles chansons inti-
tulée *L'ami retrouvé:*

On retrouve un ami

Que l'on croyait perdu

Un soir au coin de la vie

Au coin d'une rue

[...]

On a le cœur serré

Et comme envie de pleurer

Quand après si longtemps

Un hasard vous le rend

On retrouve un ami

Il a les cheveux gris

On en est presque heureux

Ça lui va mieux!

Je me rends compte aujourd'hui que les personnes que j'ai eu le bonheur de croiser lors de mon adolescence ont fait de moi qui je suis. Grâce à elles, j'ai appris, comme dirait Dudan, qu'il n'est jamais trop tard pour apprendre ne serait-ce que l'humilité.

Oui, comme tout le monde, j'ai appris...

J'ai appris que l'adolescence servait à apprendre.

Enfant, j'ai appris qu'après tout le rat n'avait pas si mauvais goût quand on n'a rien d'autre à se mettre sous la dent. Adolescent, j'ai mangé du chat. J'ai appris qu'il avait assurément meilleur goût que le rat...

Adolescent, j'ai appris aussi qu'il n'y a rien de plus satisfaisant au monde que de porter des chaussures de sa pointure.

J'ai appris qu'il y a toujours du soleil au-dessus des nuages...

Que le véritable bonheur, c'est sans doute ne rien désirer d'autre que ce que je possède déjà...

Que l'humour était le meilleur remède à tous mes maux et même à la connerie du monde...

Que les chemins buissonniers m'ont été indispensables pour devenir moi-même...

Que la vie m'a toujours donné une seconde chance...

Qu'il n'y a pas de pire perte de temps que de m'apitoyer sur moi-même...

Que j'ai toujours rencontré sur ma route quelqu'un qui m'aimait et qui était prêt à me faire la courte échelle...

Que si je ne prenais pas le risque d'essayer de nouvelles choses, je ne risquais pas d'en expérimenter de nouvelles...

Que je ne devais jamais essayer de changer mon passé, mais plutôt mettre tous mes efforts à essayer de changer mon futur...

Que pour tenter de réussir dans la vie, il m'a fallu emprunter les escaliers, car je n'ai jamais trouvé d'ascenseur...

Que personne au monde n'a été chargé de me rendre heureux...

Que tant que je me moquerai de moi, la vie sera belle...

Que j'ai trouvé en moi des forces insoupçonnées quand mon père m'a dit ces mots magiques: «J'ai confiance en toi!» et «Je suis fier de toi! »...

Que Dieu a commencé à croire en moi quand j'ai cessé de croire en lui...

Que ma vie était comme un livre: je devais toujours terminer un chapitre avant d'en commencer un nouveau.

Sommaire

Du même auteur

Un Mois chez les damnés, Préface de Jean-Charles Harvey,
Le Petit Journal, 1955.

Le Journalisme mène à tout, en collaboration avec Arthur
Prévost, Éditions du Saint-Laurent, 1960.

Un Prêtre et son péché, Éditions de l'Homme, 1961.

A Priest and his Sin, Pyramid Publishing (USA), 1961.

Toges, bistouris, Matraques et Soutanes, en collaboration,
Éditions de l'Homme, 1962.

La Rage des goof balls, Éditions de l'Homme, 1962.

Pourquoi et comment cesser de fumer, Éditions de l'Homme,
1964.

Montréalités, Éditions de l'Homme, 1965.

Cent ans déjà, Éditions de l'Homme / Éditions Radio-
Canada, 1968.

Les Greffes du coeur, en collaboration, Éditions de l'Homme
/ Éditions Radio-Canada, 1968.

Prague, l'Été des tanks, en collaboration, Éditions de
l'Homme, 1968.

J'aime encore mieux le jus de betterave, 1969, réédité sous le
titre *Des barbelés dans ma mémoire*, Éditions Stanké, 1981;
Éditions Stanké, collection Québec 10/10, 1988; Éditions
Stanké, collection Québec 10/10, 1998.

So Much to Forget, Gage Publishing, 1977.

Ce Combat qui n'en finit plus..., Essai sur la vie et l'œuvre du Dr Armand Frappier, en collaboration avec Jean-Louis Morgan, Éditions de l'Homme, 1970.

Pax – Lutte à finir avec la pègre, en collaboration avec Jean-Louis Morgan, Éditions La Presse, 1972.

Rampa, imposteur ou initié ? Éditions Stanké, 1973.

Guide des vacances inusitées, Éditions La Presse, 1974.

Pierre Elliott-Trudeau – Portrait intime, Éditions Stanké, 1977.

Le Livre des livres, Éditions Stanké, 1988.

Lituanie – L'indépendance en pleurs ou en fleurs, Éditions Stanké, 1990.

Vive la liberté ! Éditions Stanké, 1992.

Guide pratique des Montréal de France, en collaboration avec Jean-Marie Bioteau, Éditions Stanké, 1992.

Occasions de bonheur, Éditions Stanké, 1993.

Je parle plus mieux française que vous et j'te merde, Éditions Stanké, 1995.

LIVRE-S (Qu'importe le livre pourvu qu'on ait l'ivresse), Éditions Musumeci (Italie), 1995, Éditions Stanké, 1996.

Le Renard apprivoisé, Éditions Stanké, 1997.

Transcontinental
IMPRESSION
IMPRIMERIE GAGNÉ

IMPRIMÉ AU CANADA